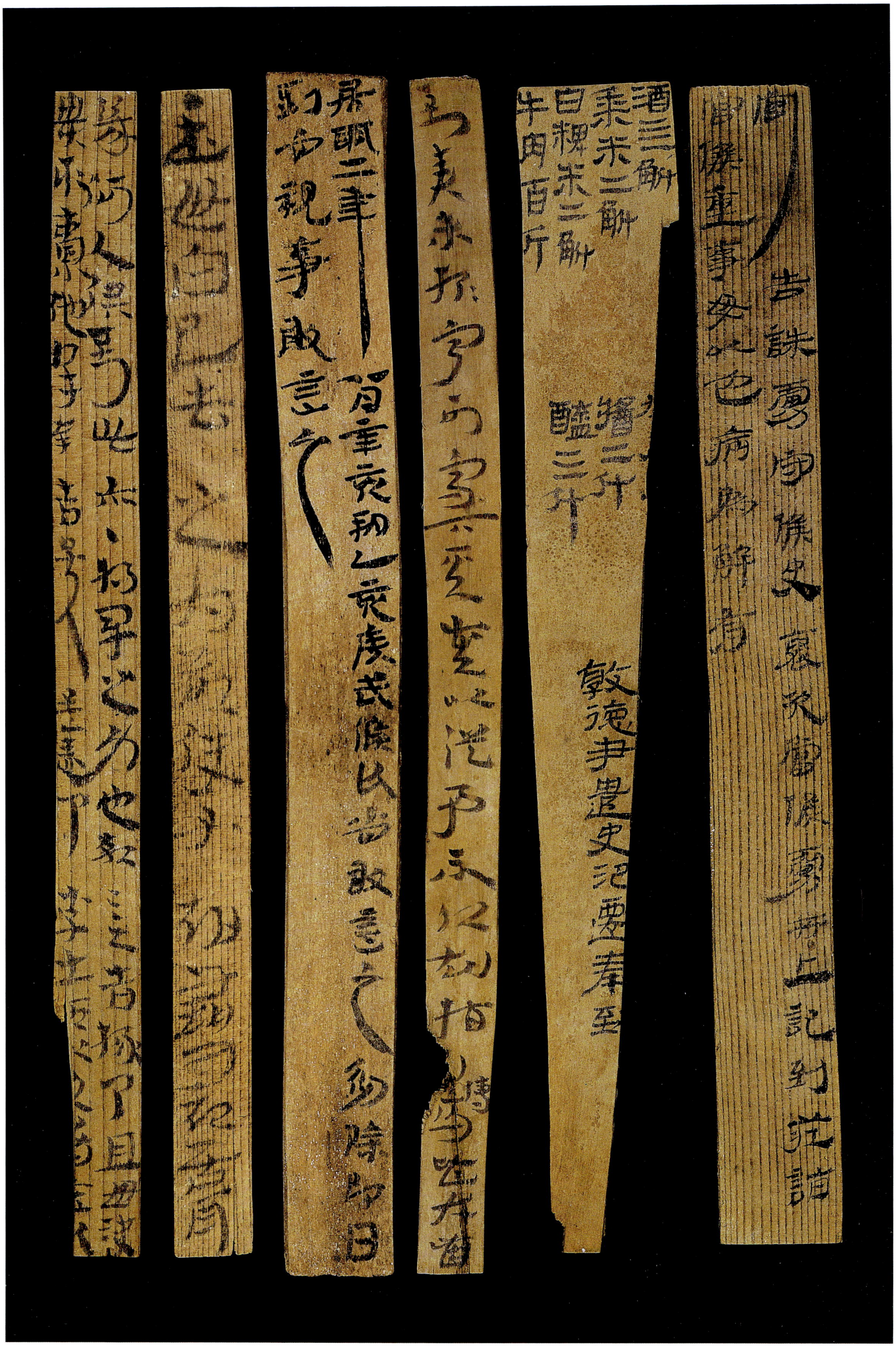

西漢・敦煌馬圈灣木牘(1)

甘肅敦煌市馬圈灣烽燧遺址出土　長23cm

釋文

①　官告誅虜守候史褒次當候虜井上記到莊詣
官候重事毋以它病爲解有

②　酒四斛
黍米二斛　醬二斗
白粺米二斗　醯三斗　敦德尹遣史汜遷奉到
牛肉百斤

③　到責未報聞可寫下其奉以從事不願知指傳馬皆大齒

④　居攝二年八月辛亥朔乙亥廣武候長尚敢言之初除即日
到官視事敢言之

⑤　書母白已去之爲欲使子知尋起居耳

⑥　幾何人俱到此亦・將軍之功也教言告掾聞且毋決
貴取槖佗謹奉告矣孟春聞李出所以□□□□□

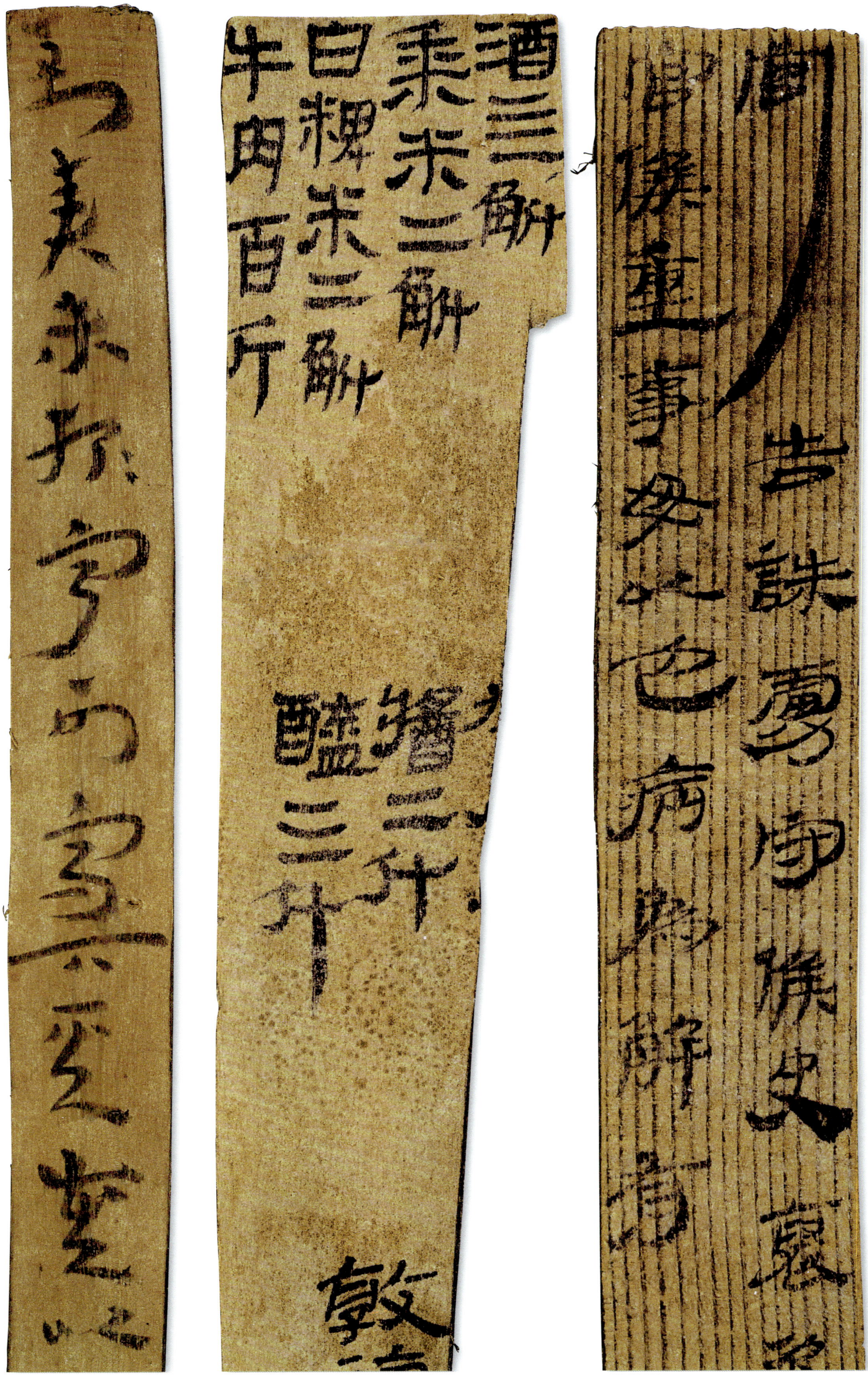

敦煌馬圈灣木牘(1)(局部)

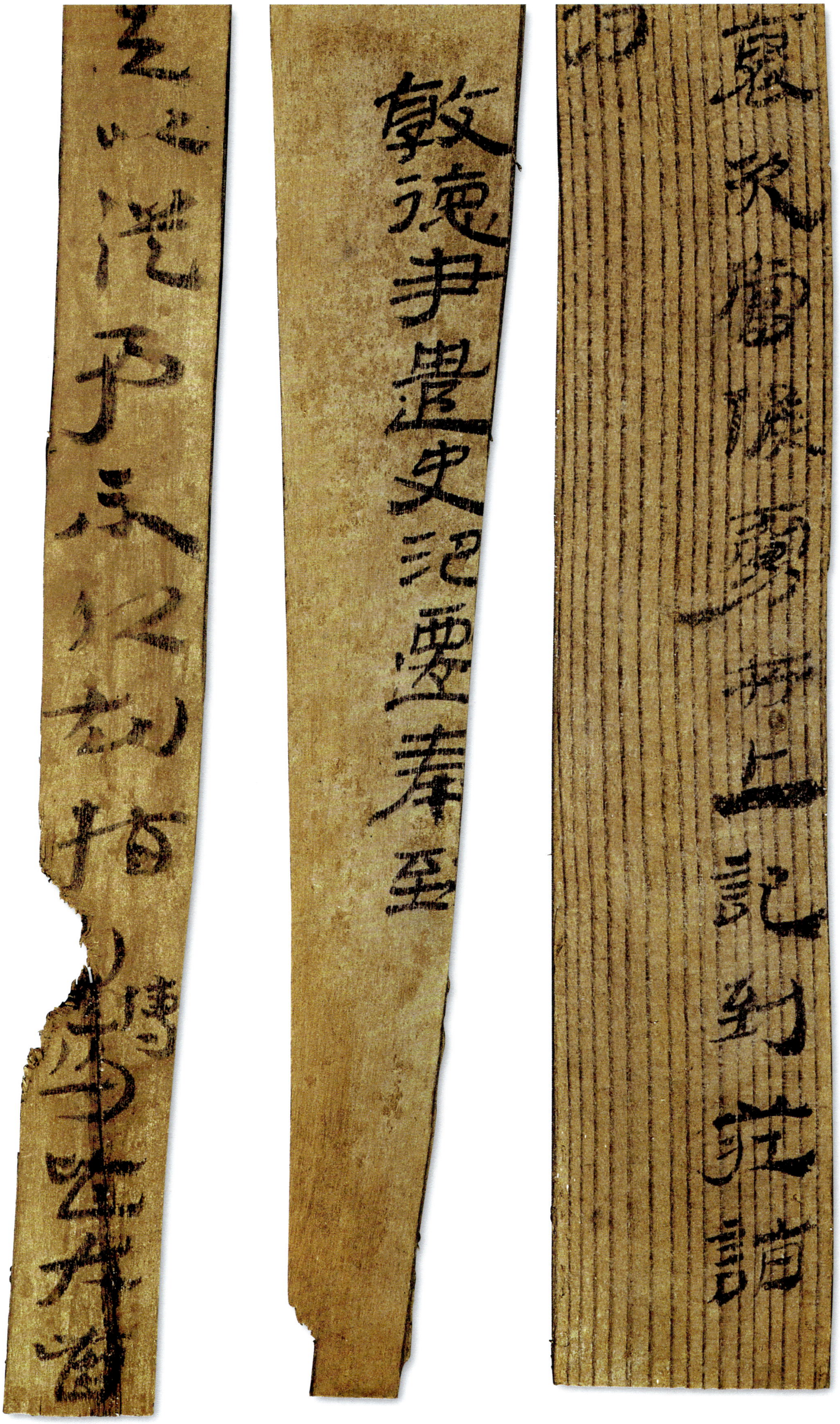

敦煌馬圈灣木牘(1)(局部)

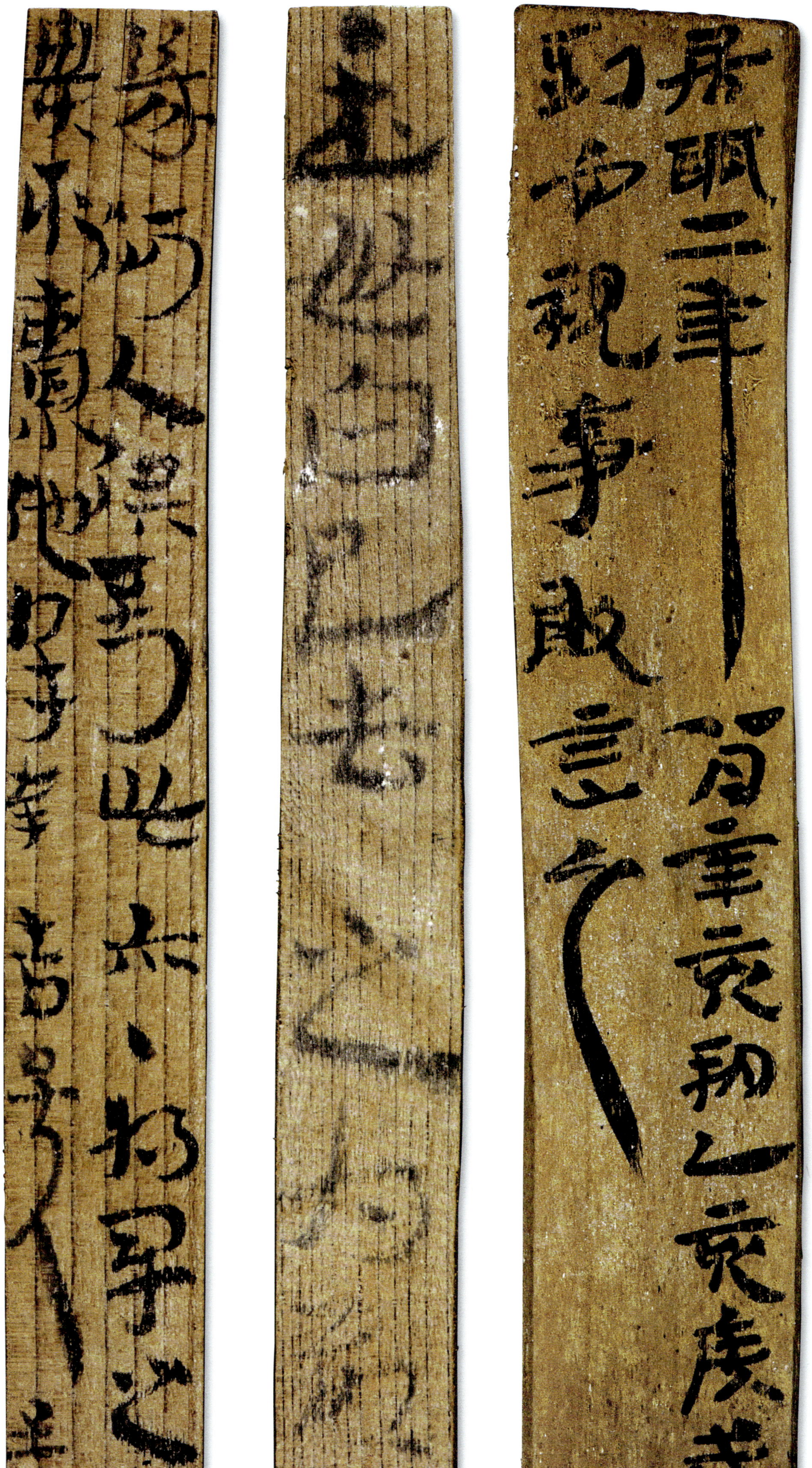

敦煌馬圈灣木牘(1)(局部)

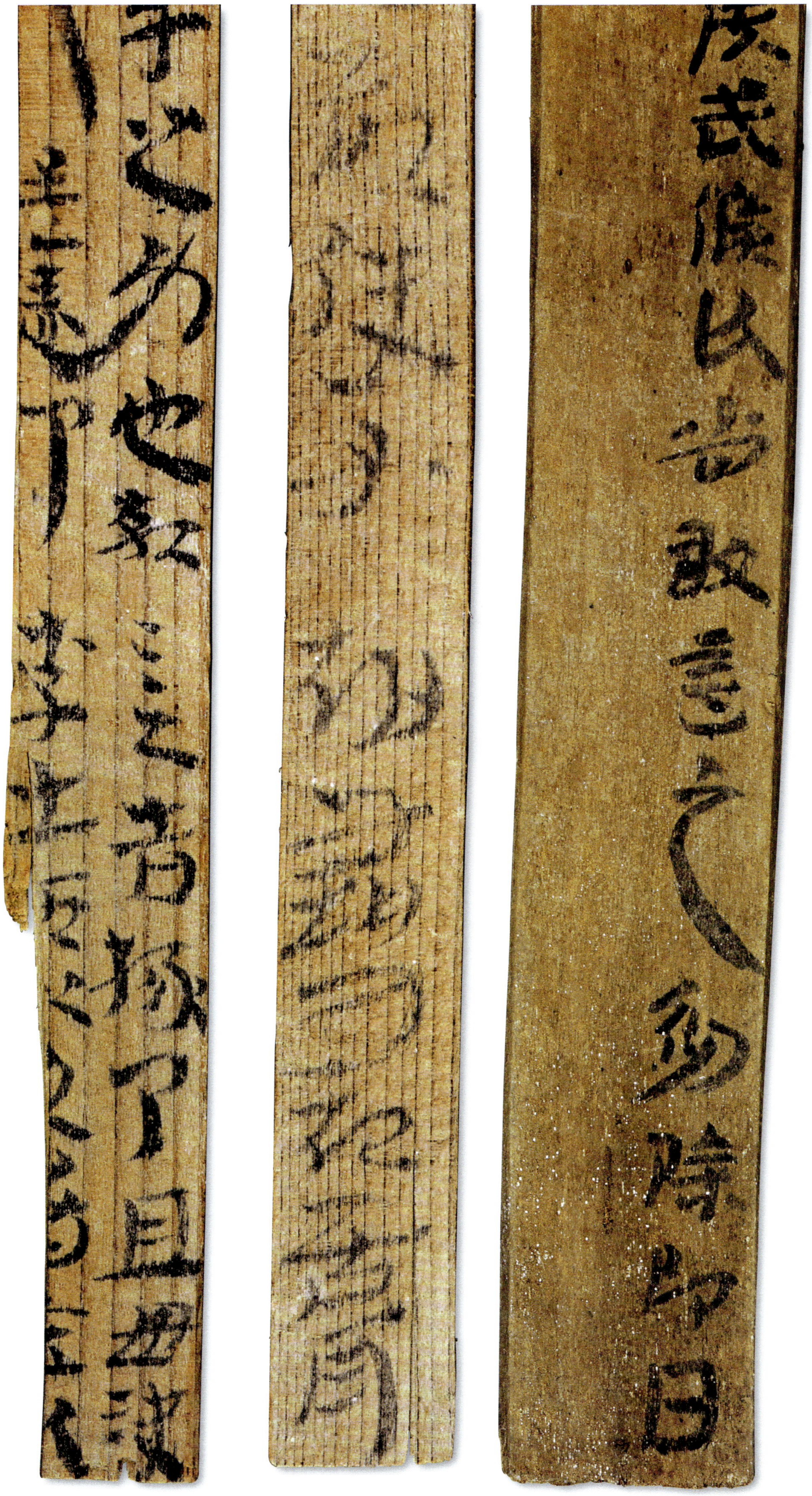

敦煌馬圈灣木牘(3)(局部)

釋文

①候普白　具記之也所欲力所任頃聞之迫不及一乚二致自　恶
左子淵頃起居得毋有也子淵舍中皆毋也急普屬從酒泉來到會左曼卿當
西候倉卒爲記不及一乚二前普所寄弓及鞍幸爲付左曼卿來弓鞍皆

②當欲隧卒賓德成賣布一匹直錢三百五十臨安隧長當責盡四月奉
察適隧卒王未央賣縑一匹三百七十當責察適隧長盡四月奉
勇敢卒狐賣練一匹賈錢四百九十又布錢百卅四凡直六百卅四當責造史誅子病□盡四月奉

③九月辛巳官告士吏許卿記到持千秋閣單席詣
府毋以它爲解

④以時成就又當塞舉舍十五日今已十一日矣願且憂之亦能將卒作朝莫食飲與
左伯相近以故令左伯領之且毋以去故恨之也願且借長　椴欲用治簿事已

⑤人皆具毋它不當言　人邪將留外也初　爲當往因車師
今反相將來欲　誰因循乎不審　小奴伯望與人衆

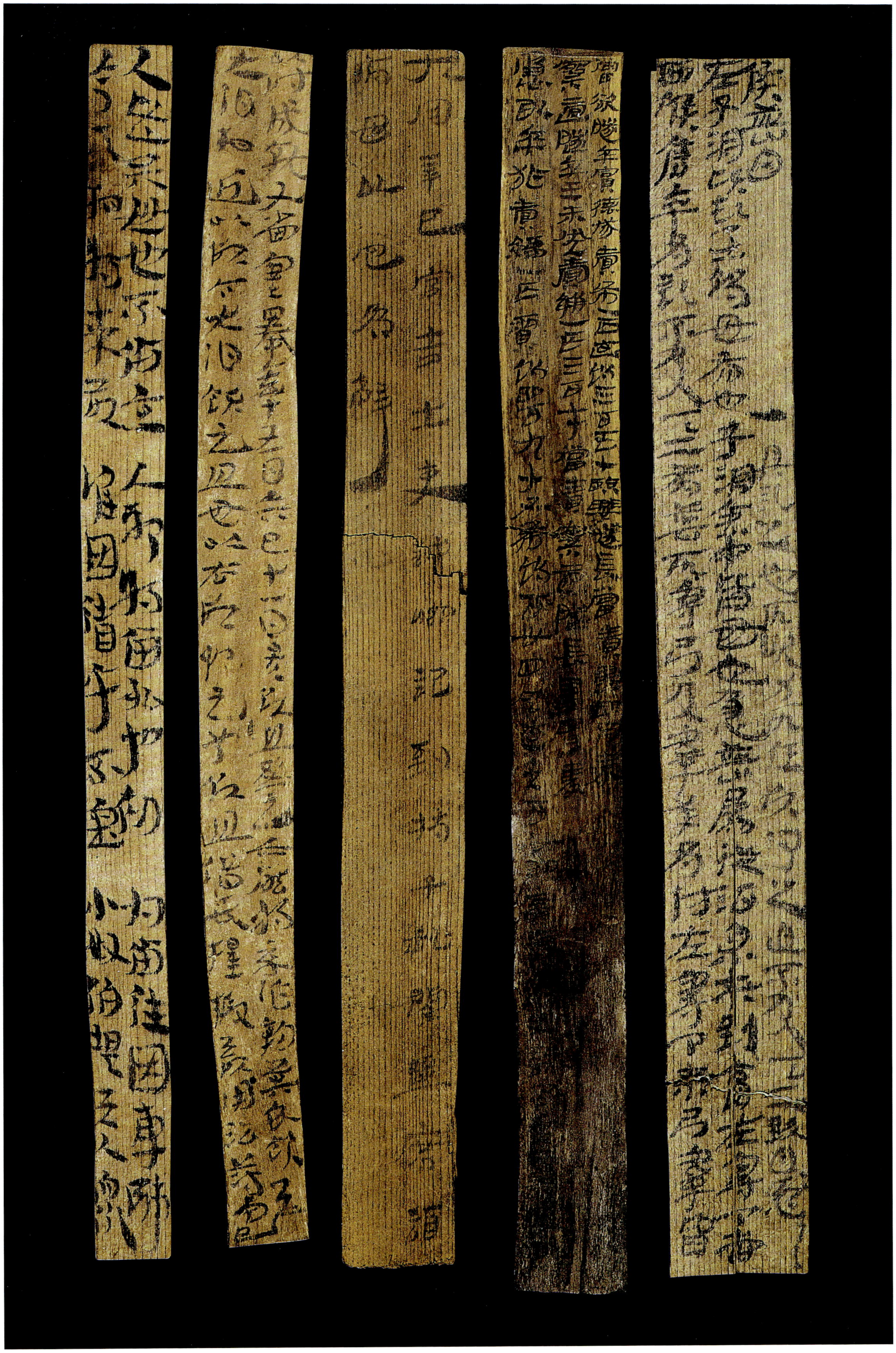

西漢・敦煌馬圈灣木牘(2)
甘肅敦煌市馬圈彎烽燧遺址出土　長23.5cm

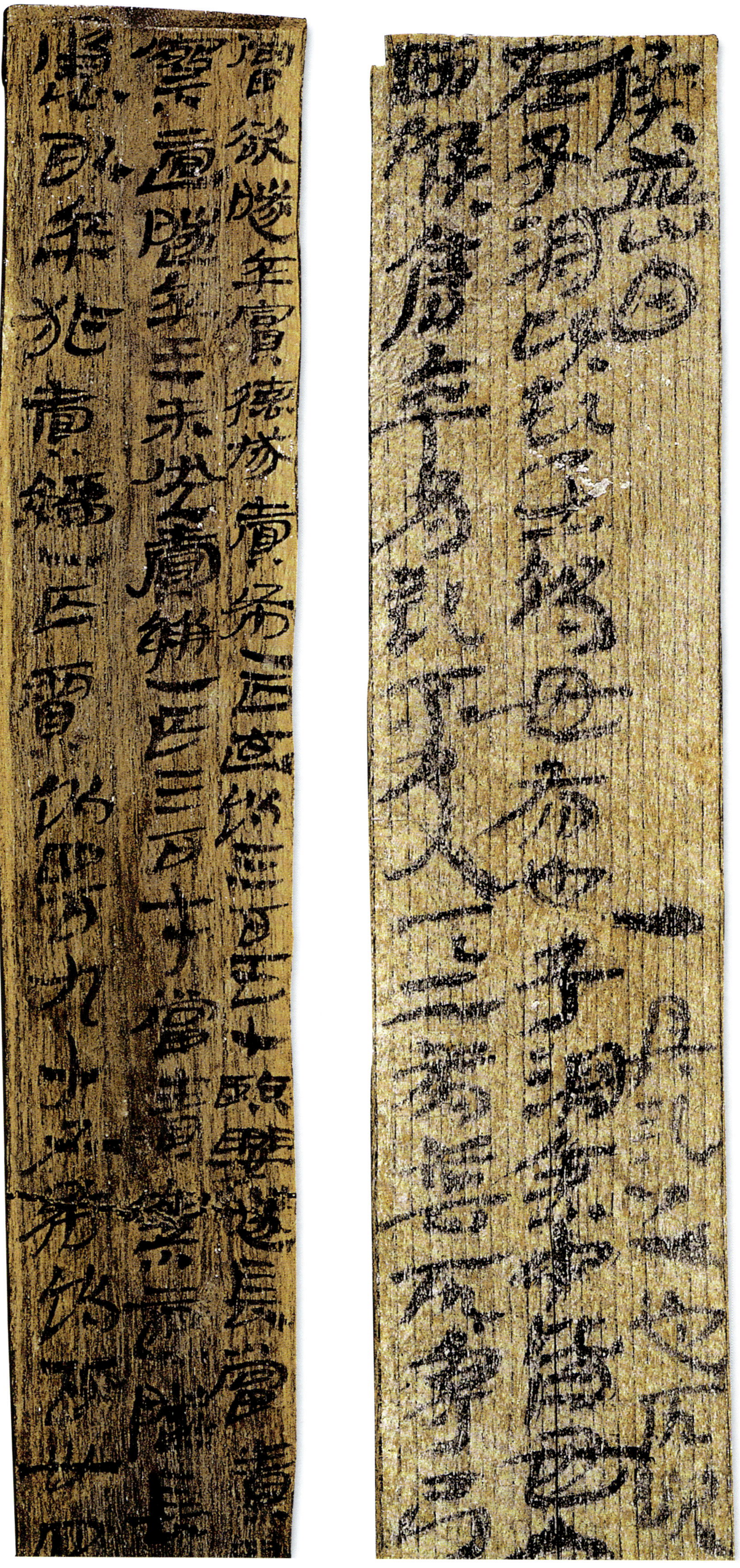

敦煌馬圈灣木牘(2)(局部)

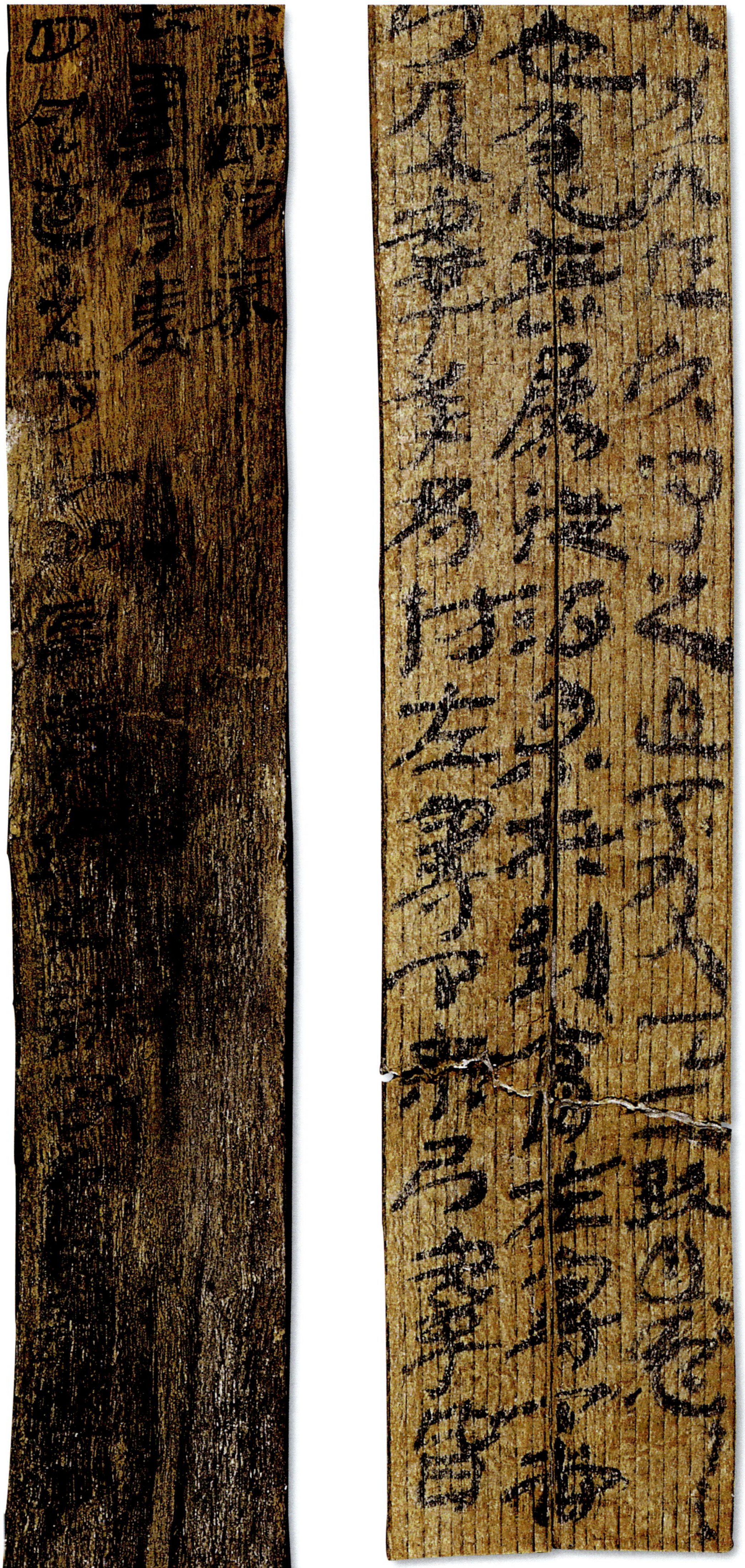

敦煌馬圈灣木牘(2)(局部)

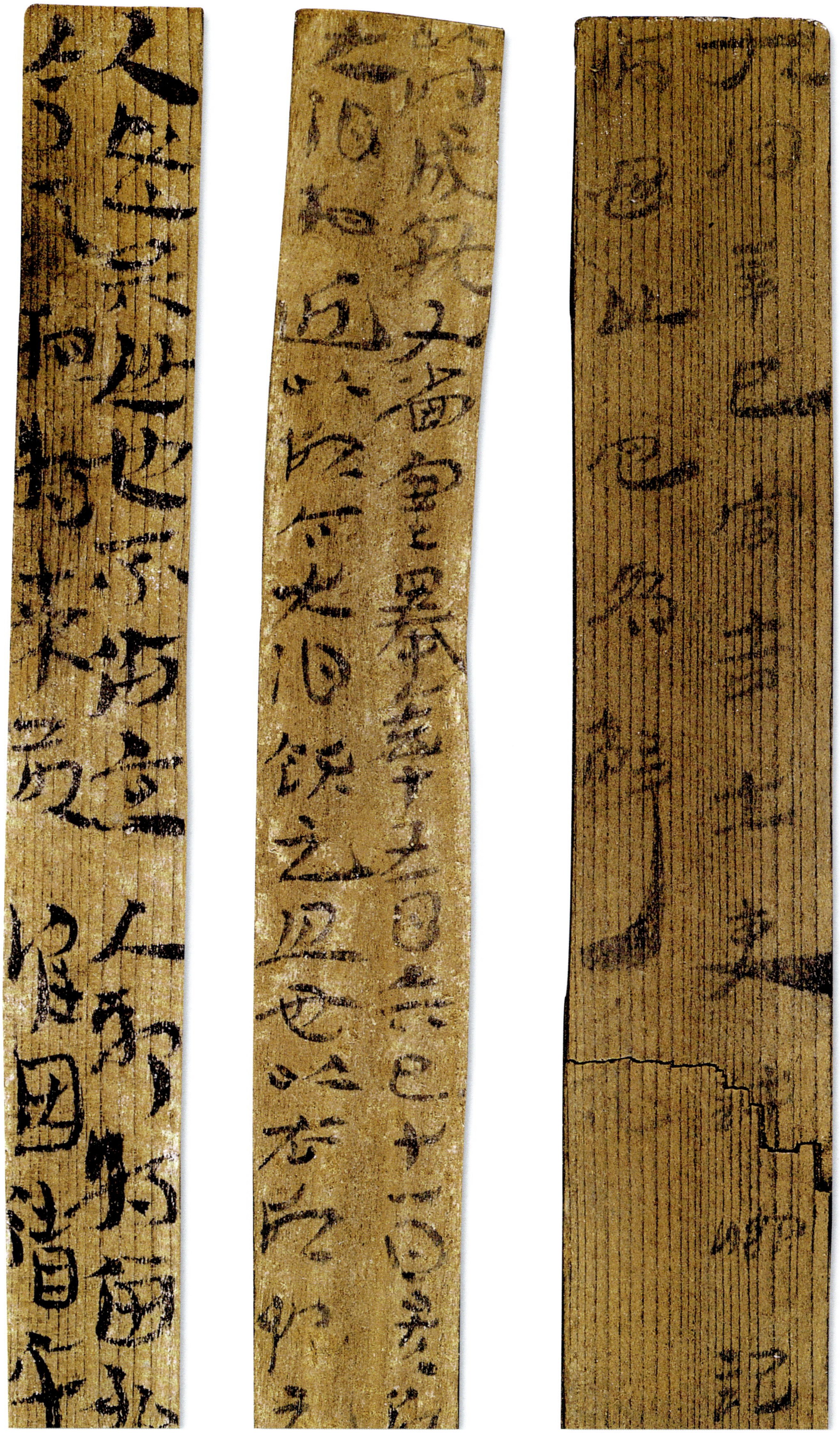

敦煌馬圈灣木牘(2)(局部)

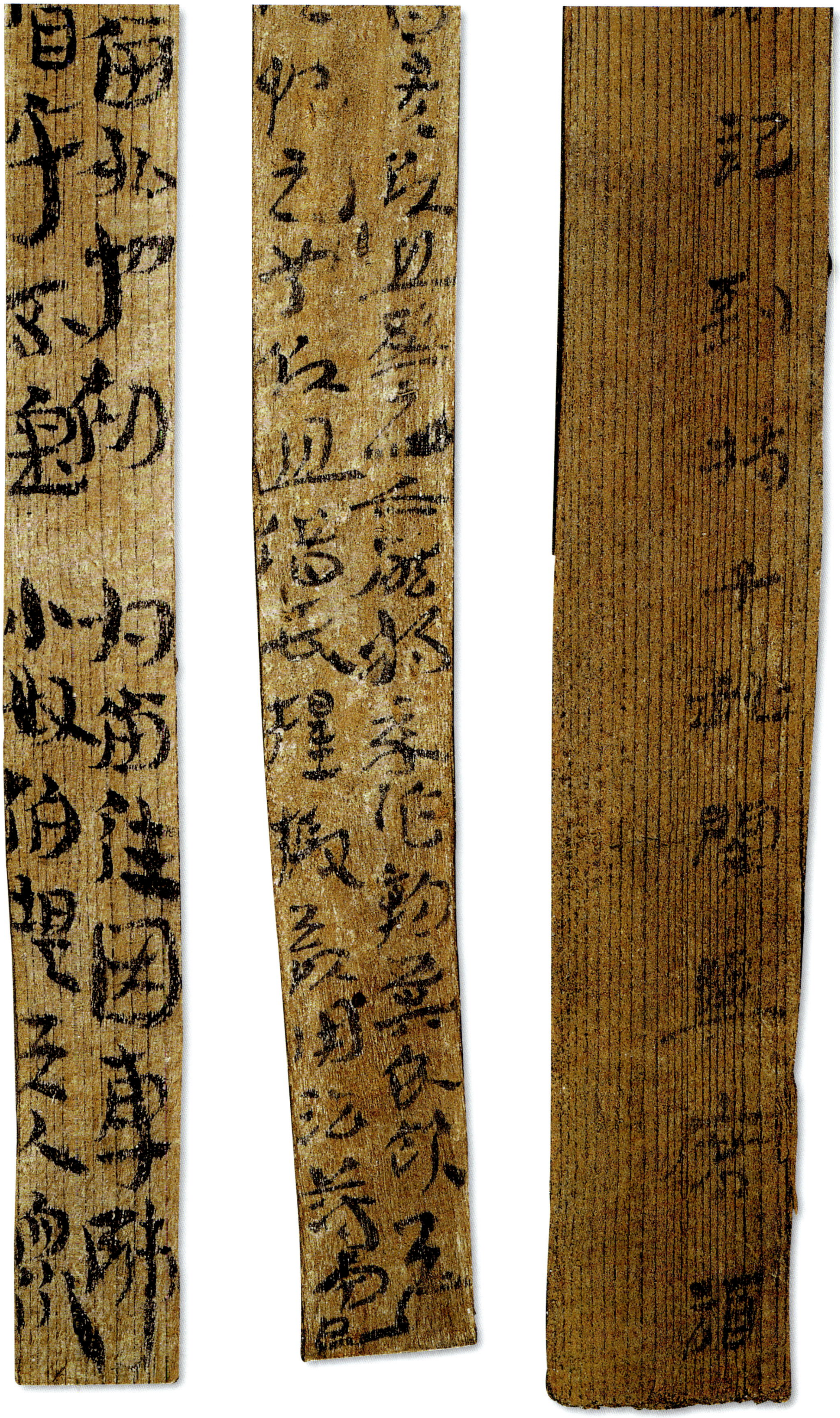

敦煌馬圈灣木牘(2)(局部)

释文

① 買傳馬以其賣馬買田馬留養△馬一月閒器▨

② 足以相當所謂惠而不費故敢白即于法令不可亦不足以幹治

③ 穀氣以故多病物故今茭又盡校▨

④ 掌者食輒以時尉驗羚旎鼓采而已留意卒恩爲

⑤ 荀當事宜此所謂權也然則不澹饑餓并至必且爲憂累

⑥ 槖絜著自足止即馬未决且從季卿貸轉已得長羈止毋爲弛槊

⑦ 四卿妻子家室它爲如何馬誰使隨養視之聞取從者邪

⑧ 叩＝頭＝囑使君爲寒近衣裘强飯食幸自喜以卒巍＝之功挨第達▨

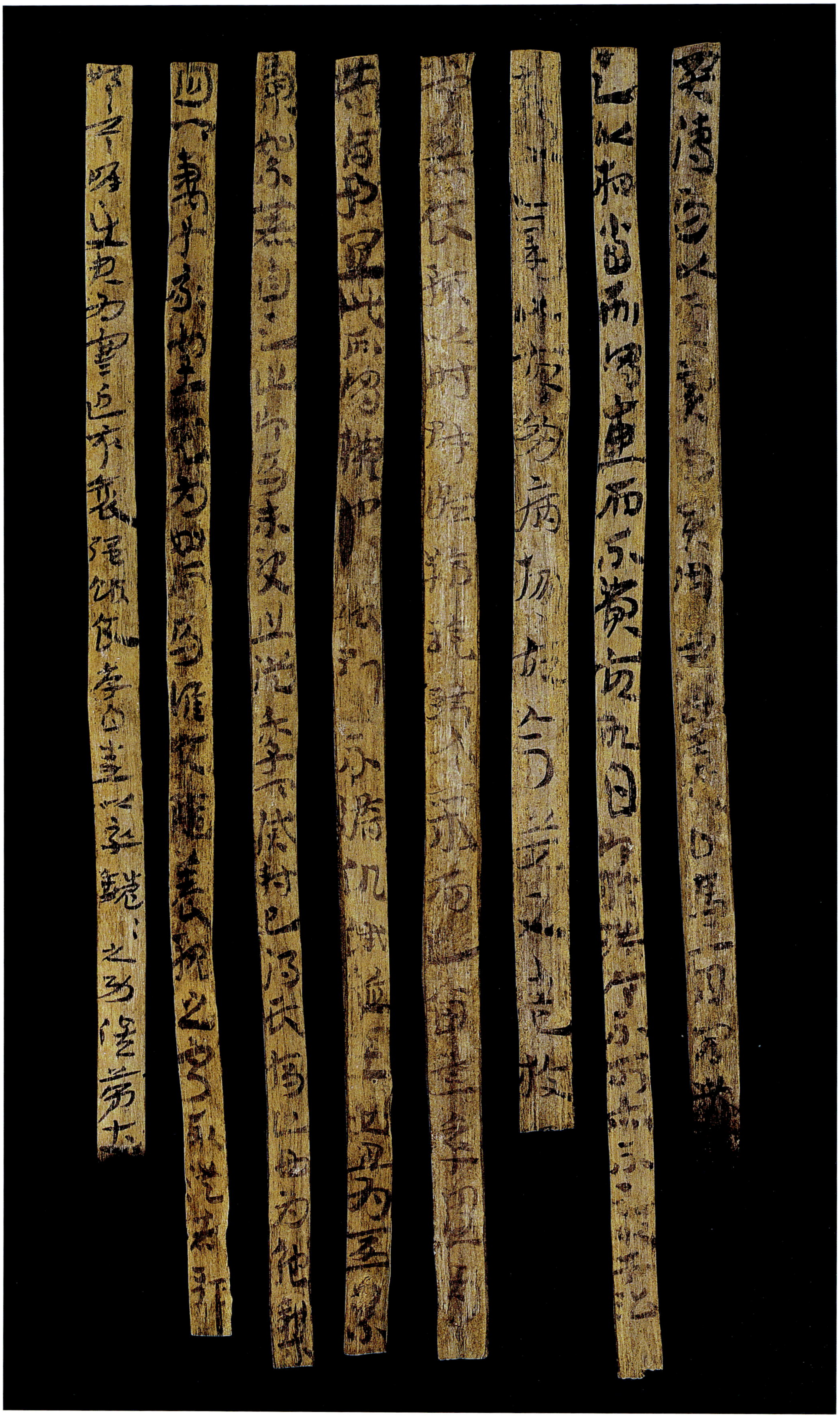

漢・敦煌馬圈灣木簡(1)

甘肅敦煌市馬圈彎烽燧遺址出土　長23cm

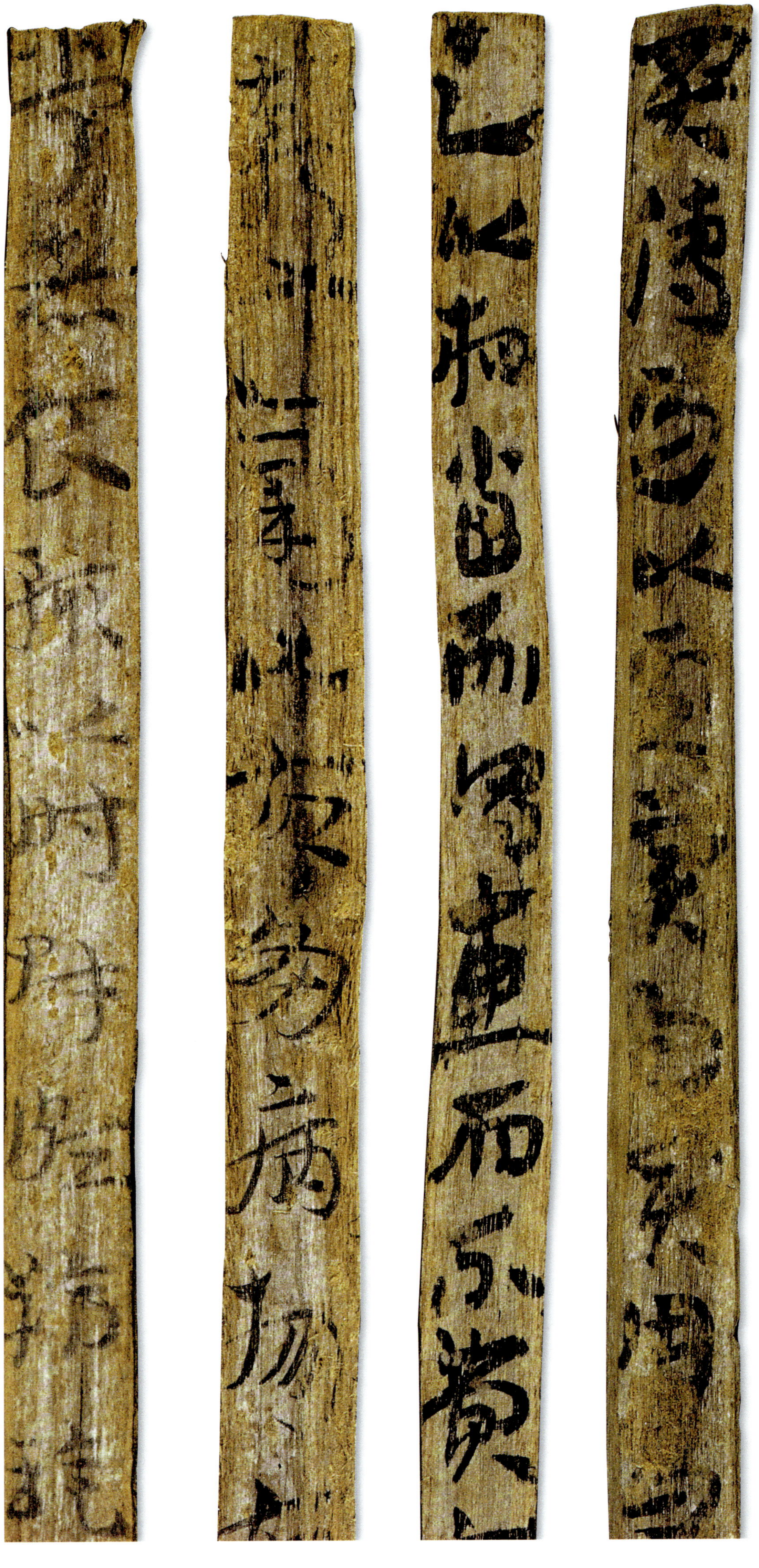

敦煌馬圈灣木簡(1)(局部)

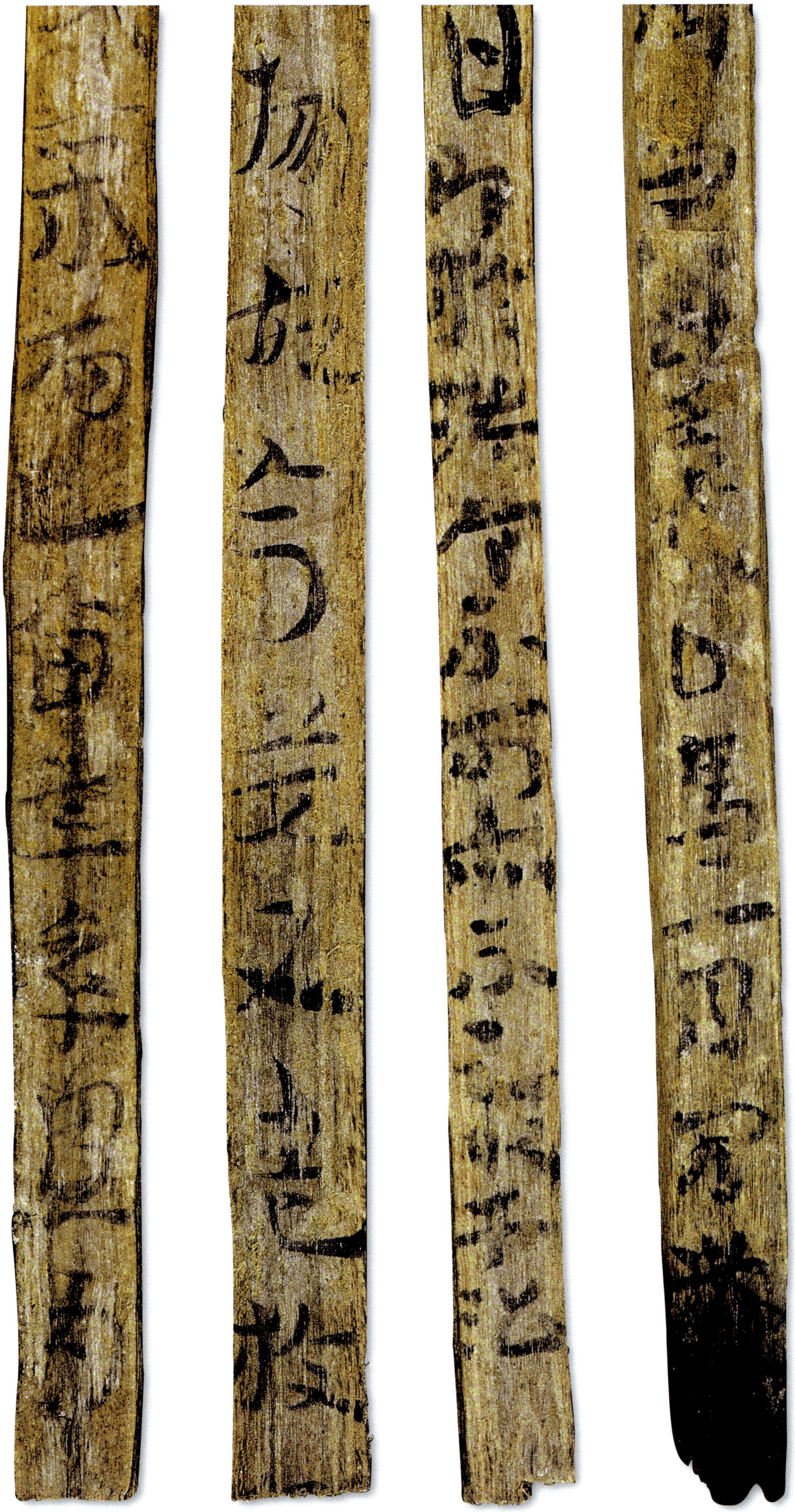

敦煌馬圈灣木簡(1)(局部)

敦煌馬圈灣木簡(1)(局部)

敦煌馬圈灣木簡(1)(局部)

釋文

① 糧食孚盡吏士饑餧馬畜物故什五人以食爲命兵

② 右五人士吏

③ 守丞　二月辛未以府記捕吏卒

④ 大煎都候永士吏姜蒙叩頭死＝罪＝掾利數毋狀　當坐罪當死罪死罪

⑤ 臨澤候長董賢　馬一匹

⑥ 得母病也朱司馬及焦并還未聞西方問不雲何行

⑦ 孤弱殆不戰自東西即虜政等黨成結固車師必懼

⑧ 候鄣願降歸德臣△竊見大都護崇檄與敦德尹亡已得乘姑墨城孤處西

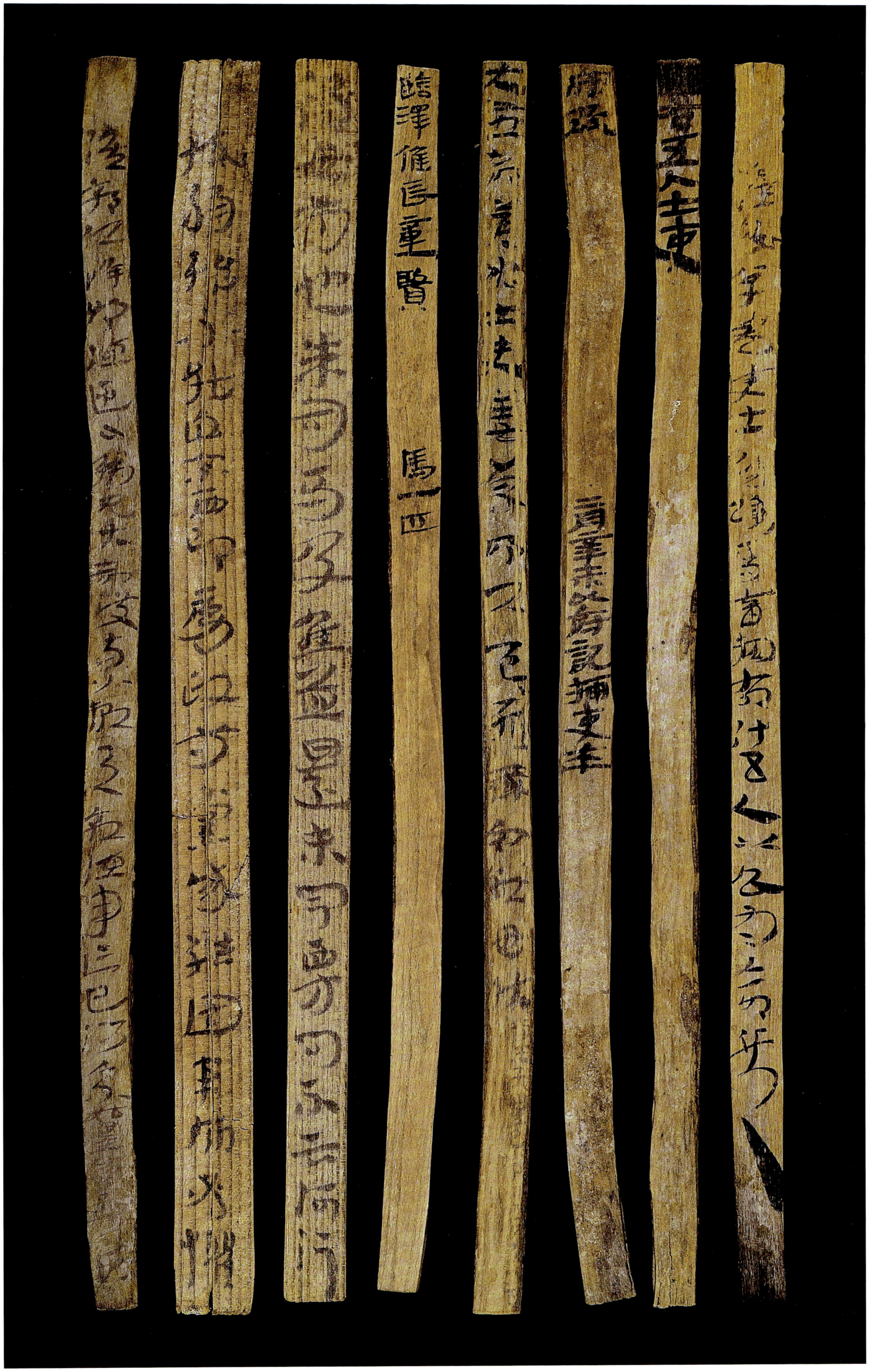

漢・敦煌馬圈灣木簡(2)

甘肅敦煌市馬圈彎烽燧遺址出土　長23cm

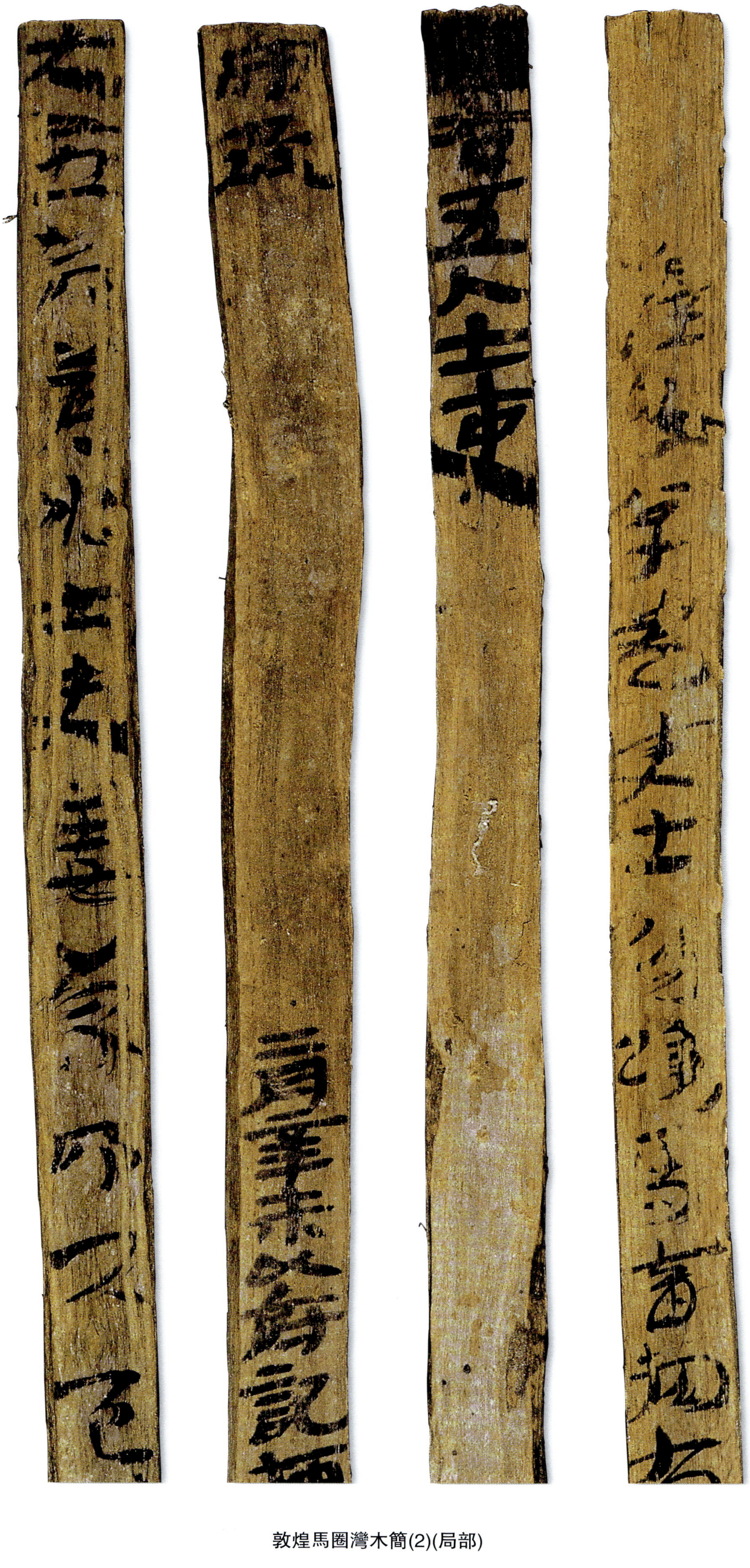

敦煌馬圈灣木簡(2)(局部)

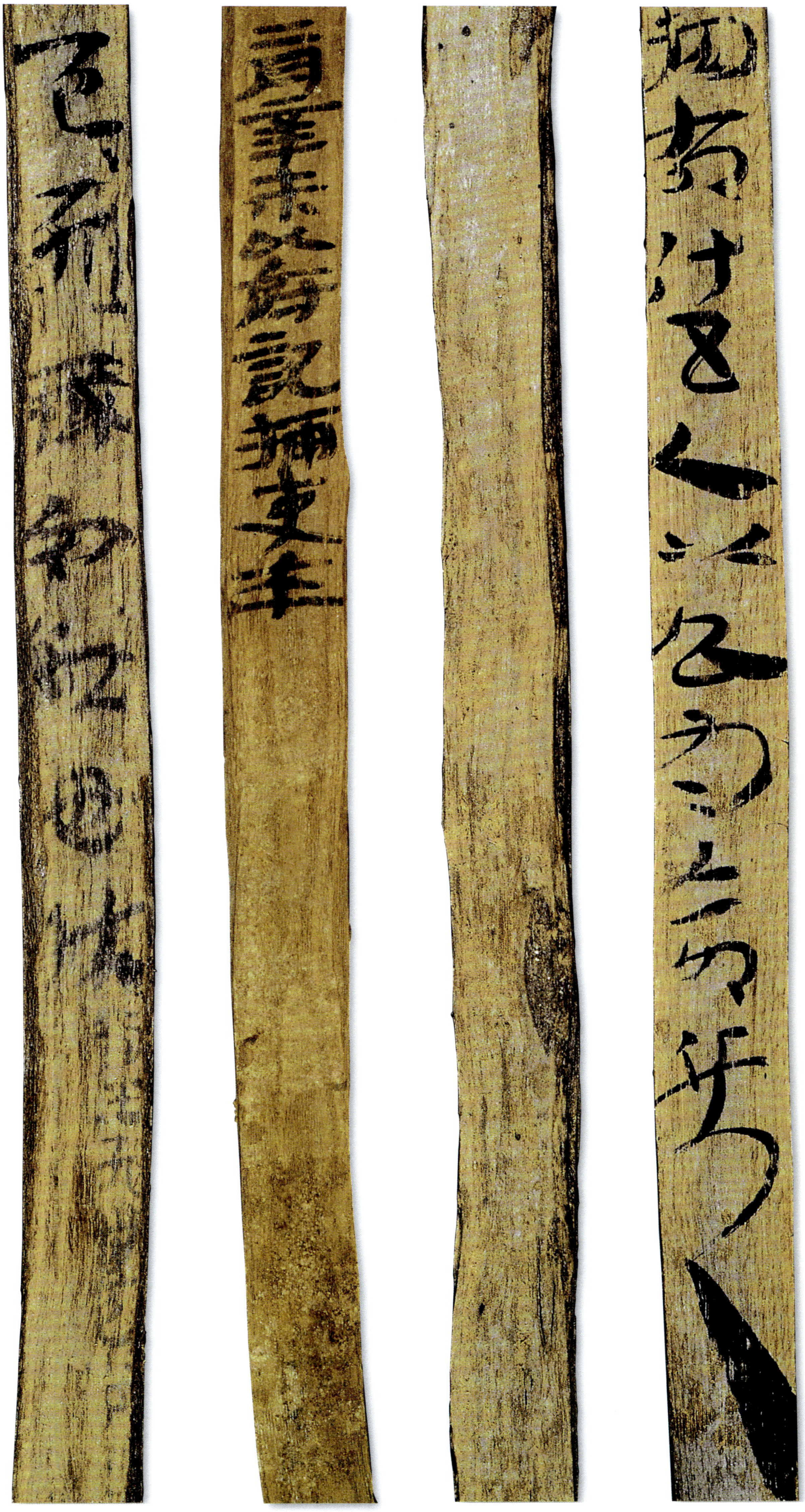

敦煌馬圈灣木簡(2)(局部)

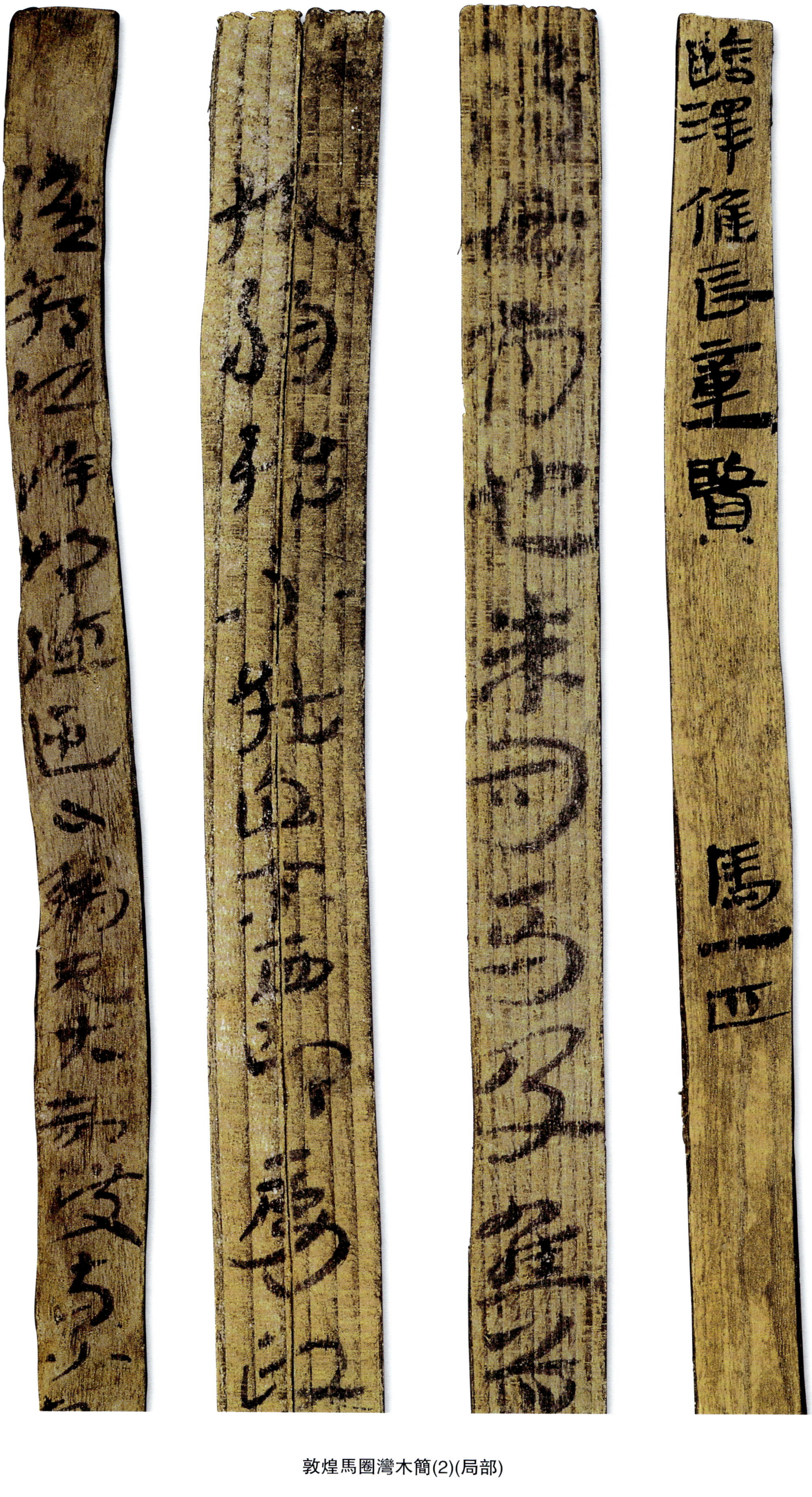

敦煌馬圈灣木簡(2)(局部)

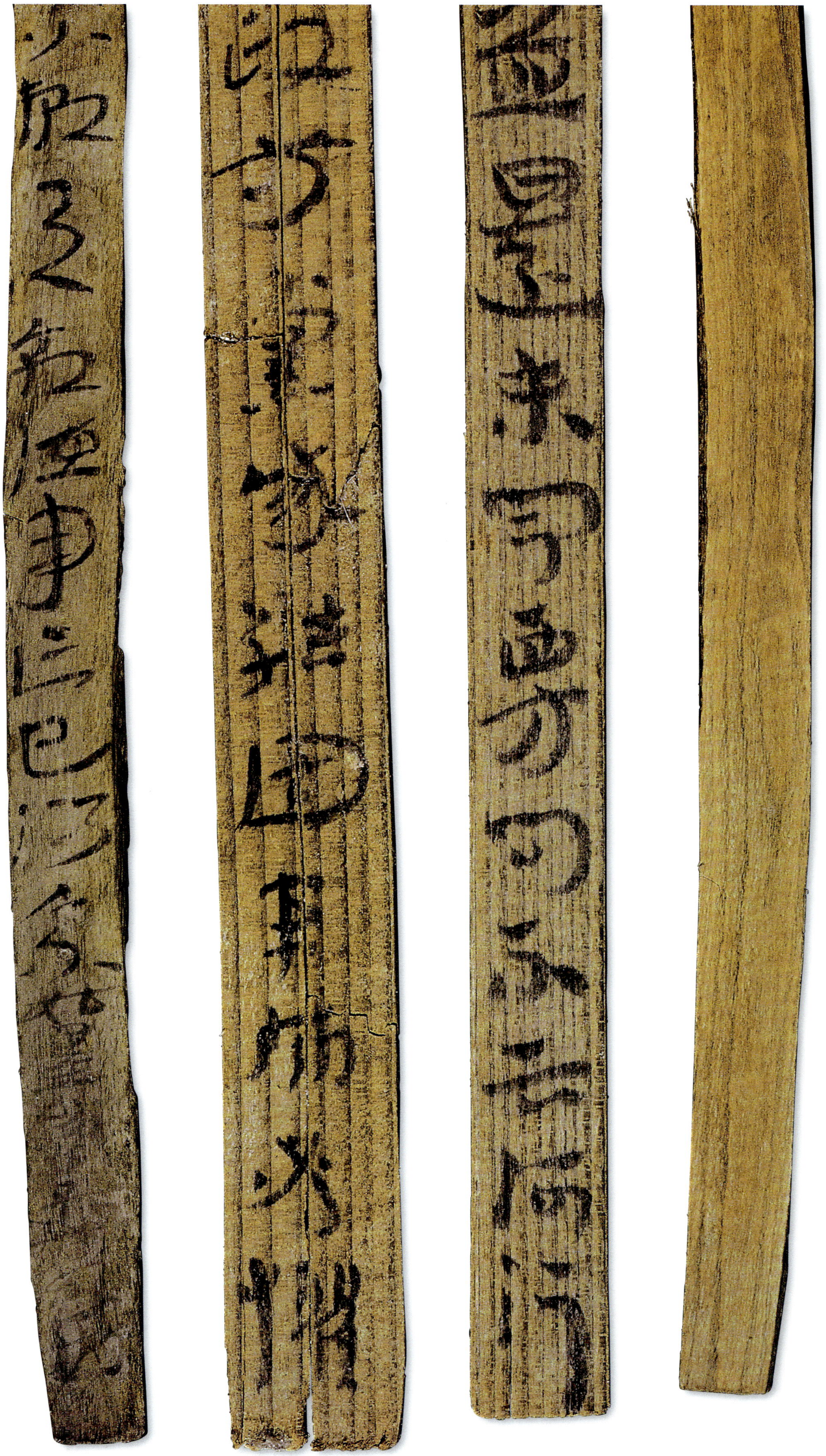

敦煌馬圈灣木簡(2)(局部)

釋文

① 共奴遮逆虜

② 戊曹右史原順君　馬一匹　二已　二加一

③ 〼在中未與相見其　四人在泉都期晦來

④ 今共奴已與都善不和則中國之大利也臣愚以爲欽將兵北〼

⑤ 狀法爲衆先一將軍復不忍令得念誨至今祟叩頭死＝罪＝

⑥ 十月晦關書大泉都　再拜言

⑦ 新始建國地皇上戊三年正月戊子朔癸丑誅虜候長晏敢言之謹以遷

⑧ 逆虜期于不失利

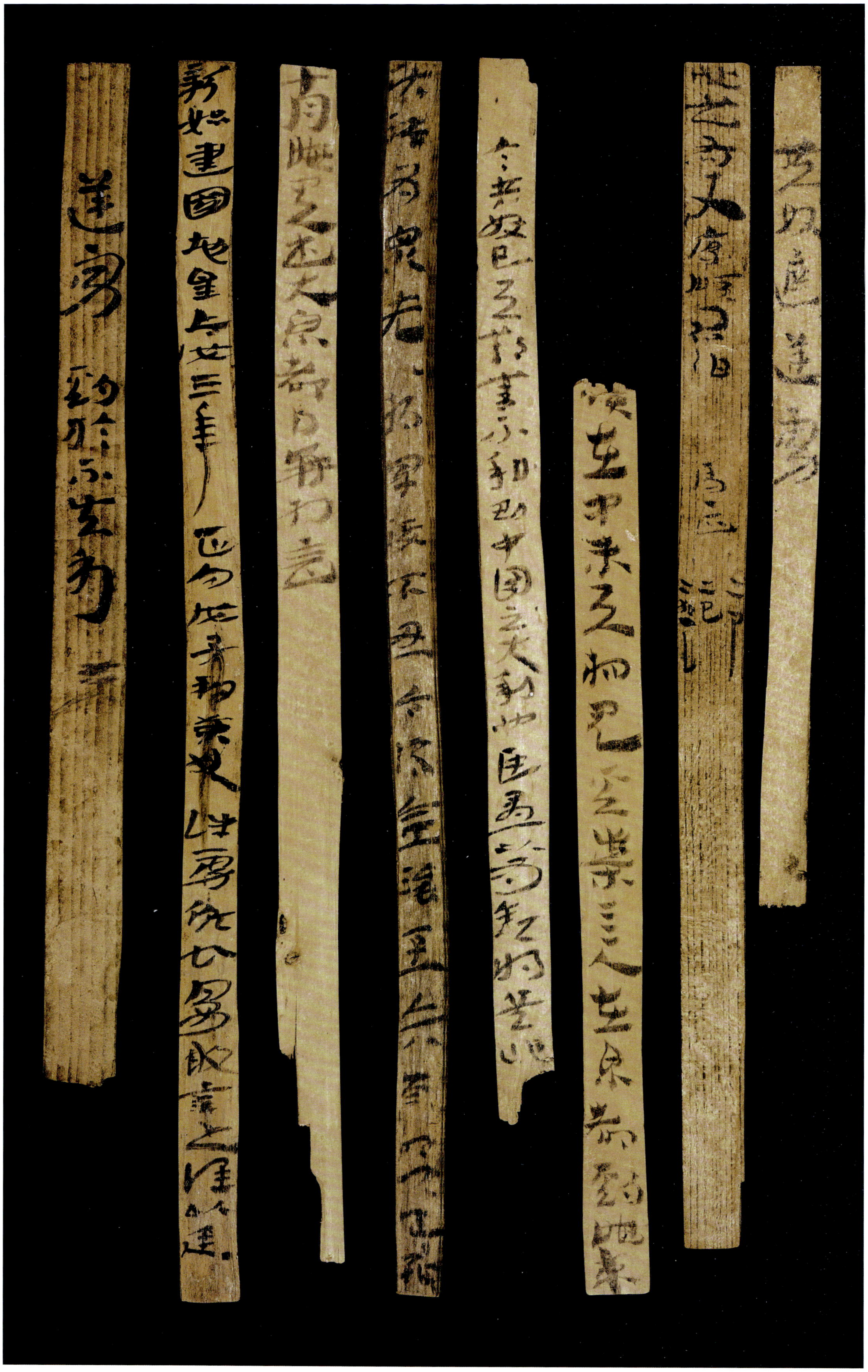

漢・敦煌馬圈灣木簡(3)

甘肅敦煌市馬圈灣烽燧遺址出土　長23cm

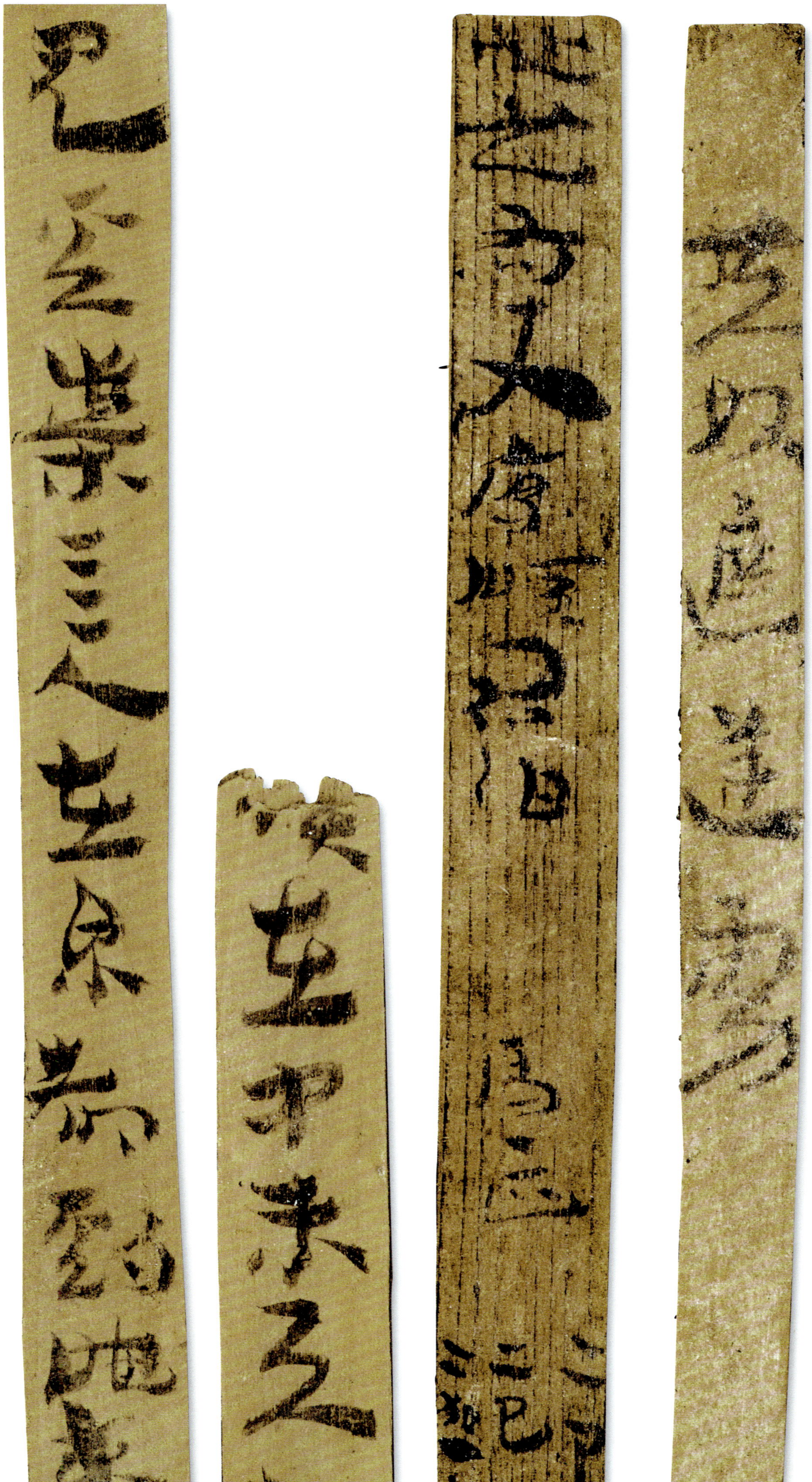

敦煌馬圈灣木簡(3)(局部)

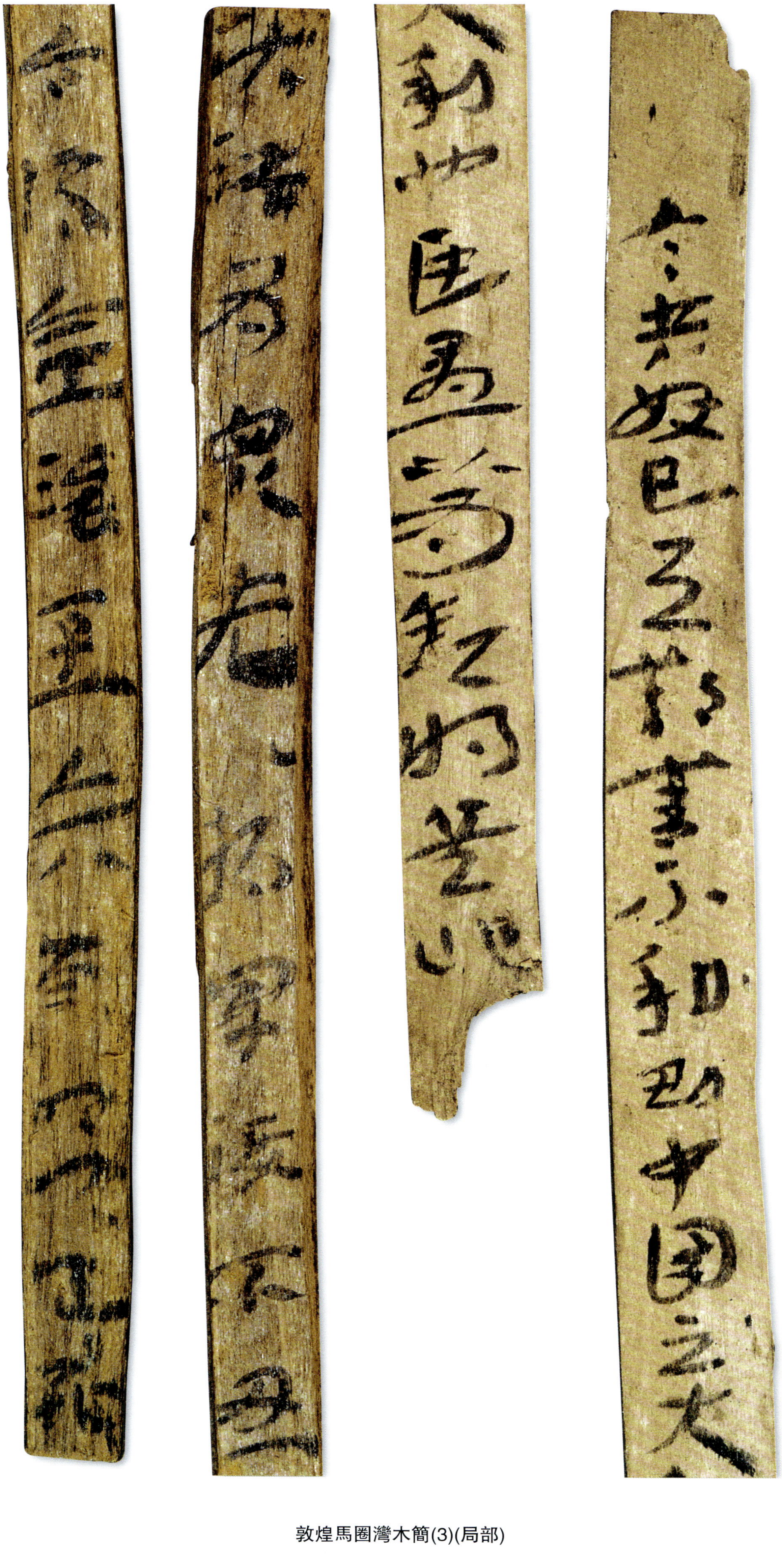

敦煌馬圈灣木簡(3)(局部)

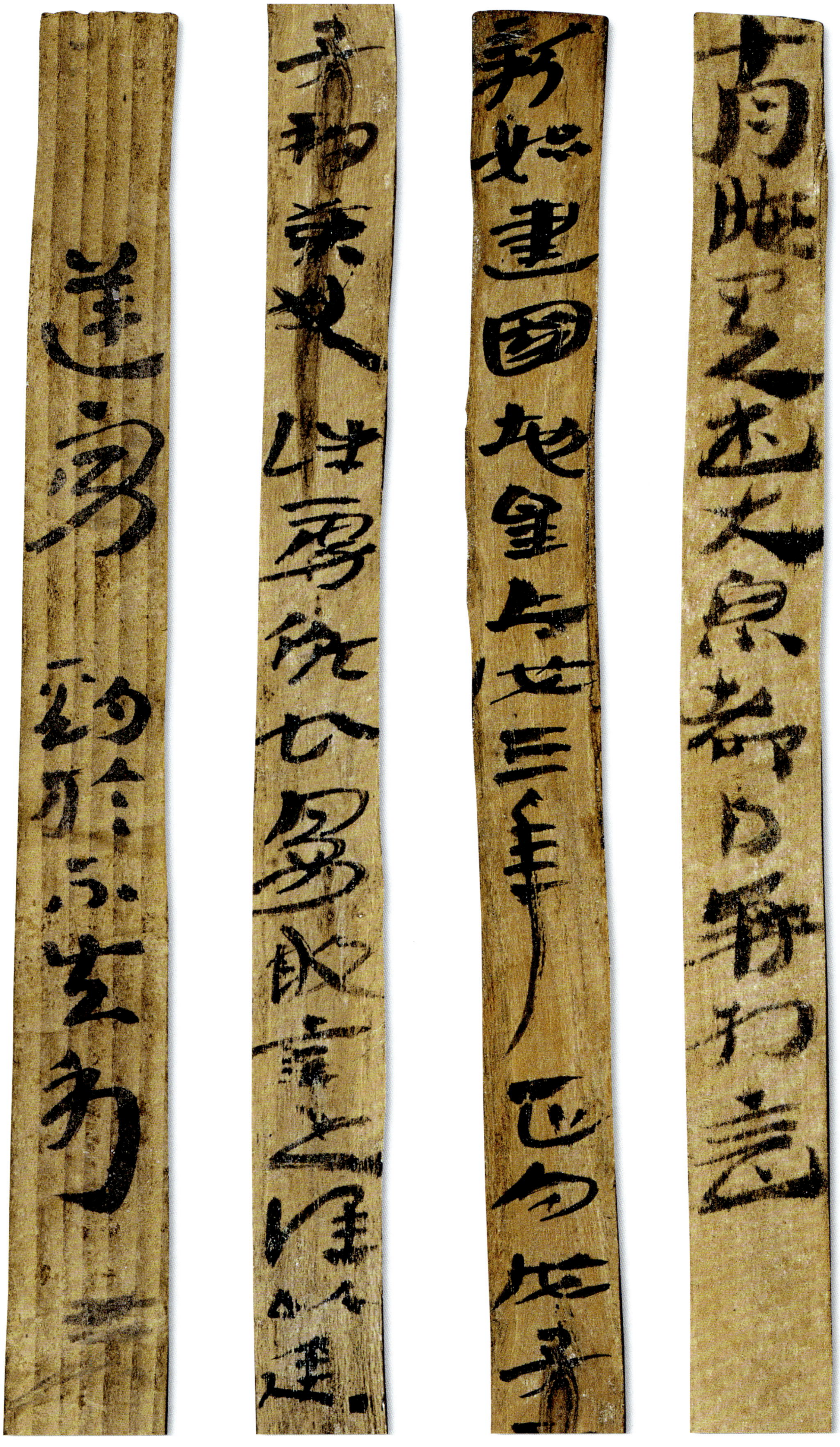

敦煌馬圈灣木簡(3)(局部)

釋文

①尉與車師前侯詡車師卑爰疌清子俱求吏以己已到如律令
②其營就大張格射擊劫虜皆散亡又前連戰焉耆中兵矢
③西域都護領居虜訾倉守司馬鴻叩頭死罪死罪
④逆虜無黨　必易殄滅恐誤天時戰利詣塞
⑤炬恭奴遮焉耆　殄滅逆虜
⑥始建國天鳳四年正月丁己朔丁丑戊部將軍純據里附城
⑦車師侯其廿四人乃去所部遣吏士三百餘人夜往胥射之
⑧□□南將軍焦布乘其力子男皆死今恭奴言鄯善反我鄯善
⑨使西域大使五威左率都尉糞土臣△稽首再拜上書

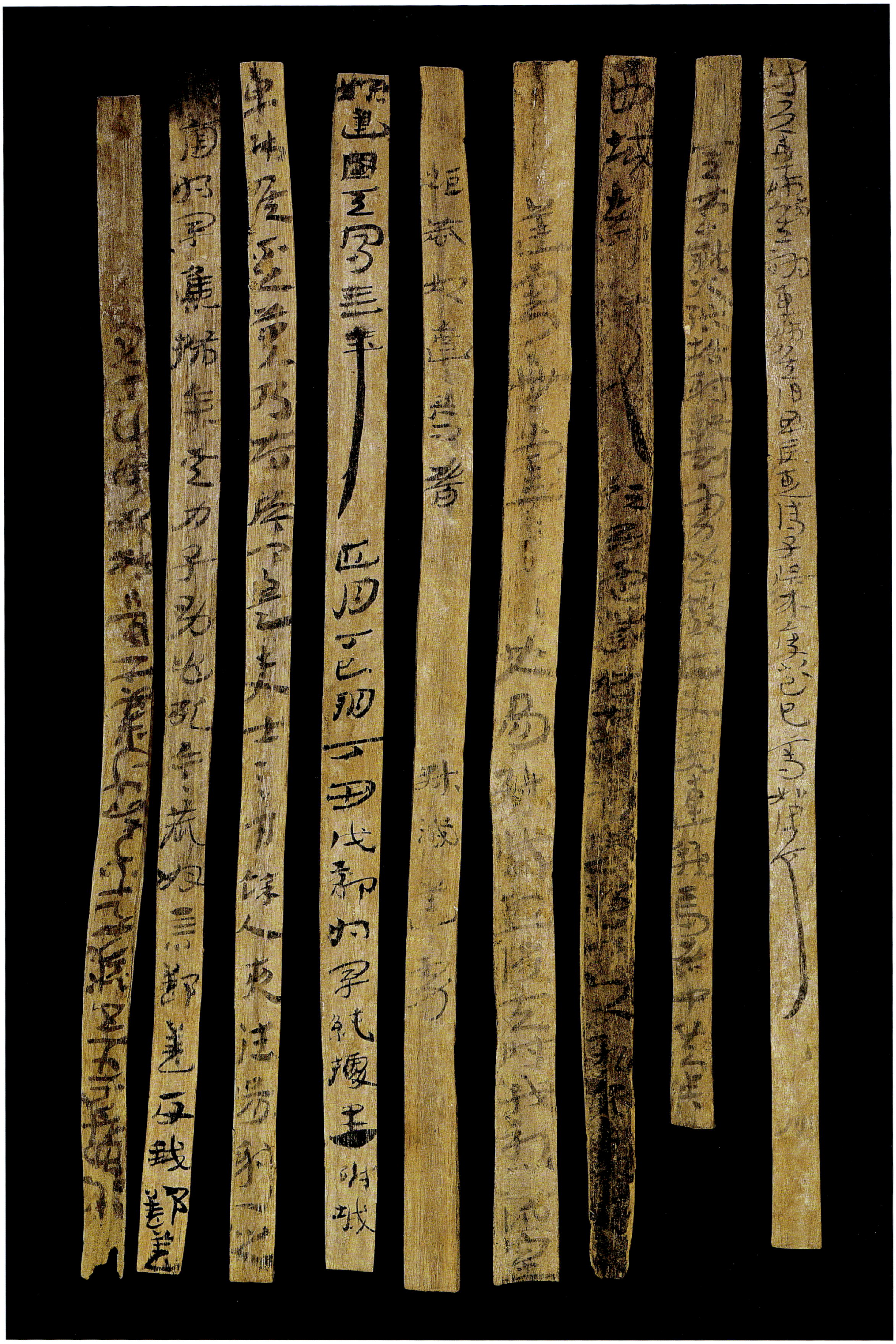

漢・敦煌馬圈灣木簡(4)

甘肅敦煌市馬圈彎烽燧遺址出土　長23cm

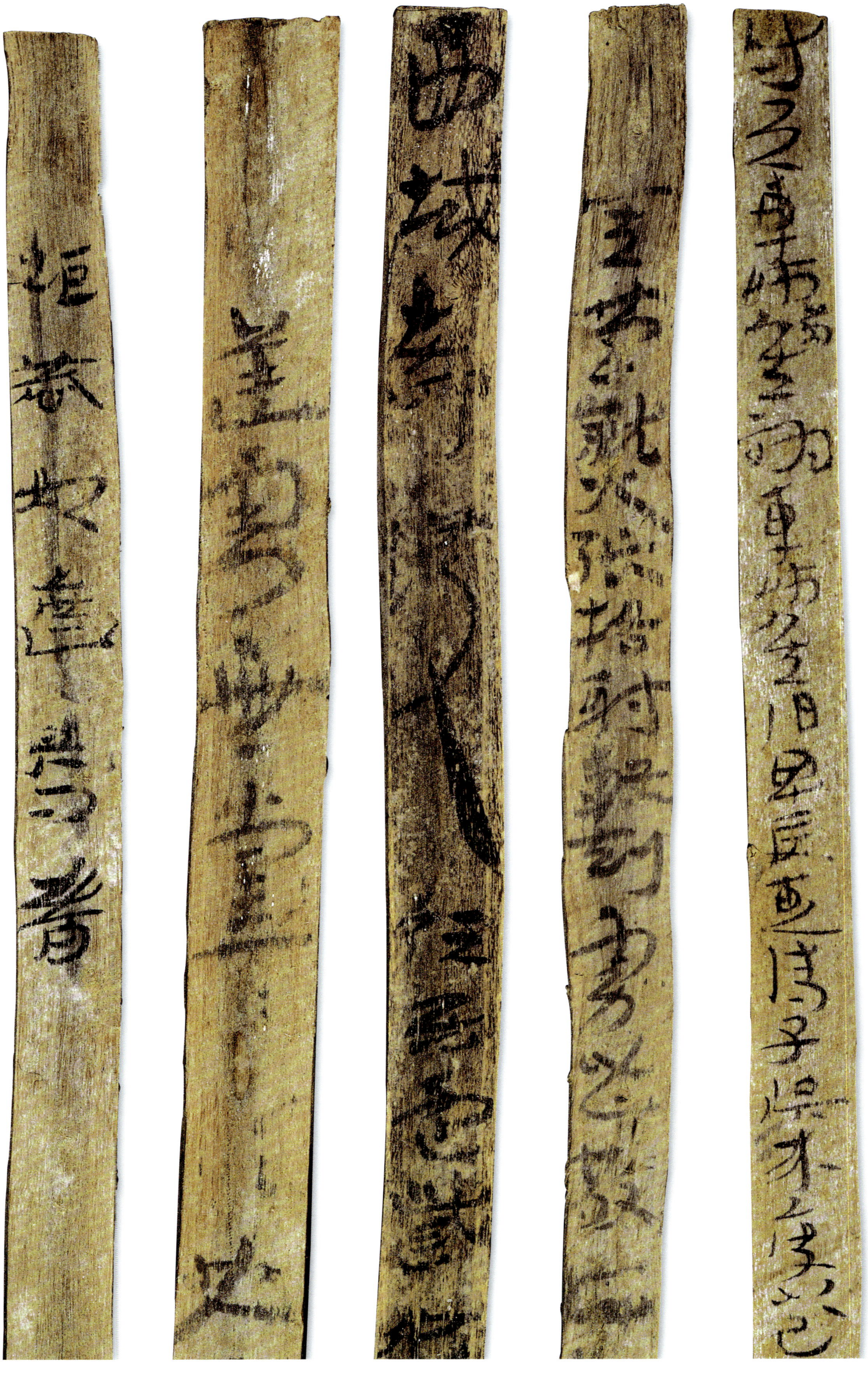

敦煌馬圈灣木簡(4)(局部)

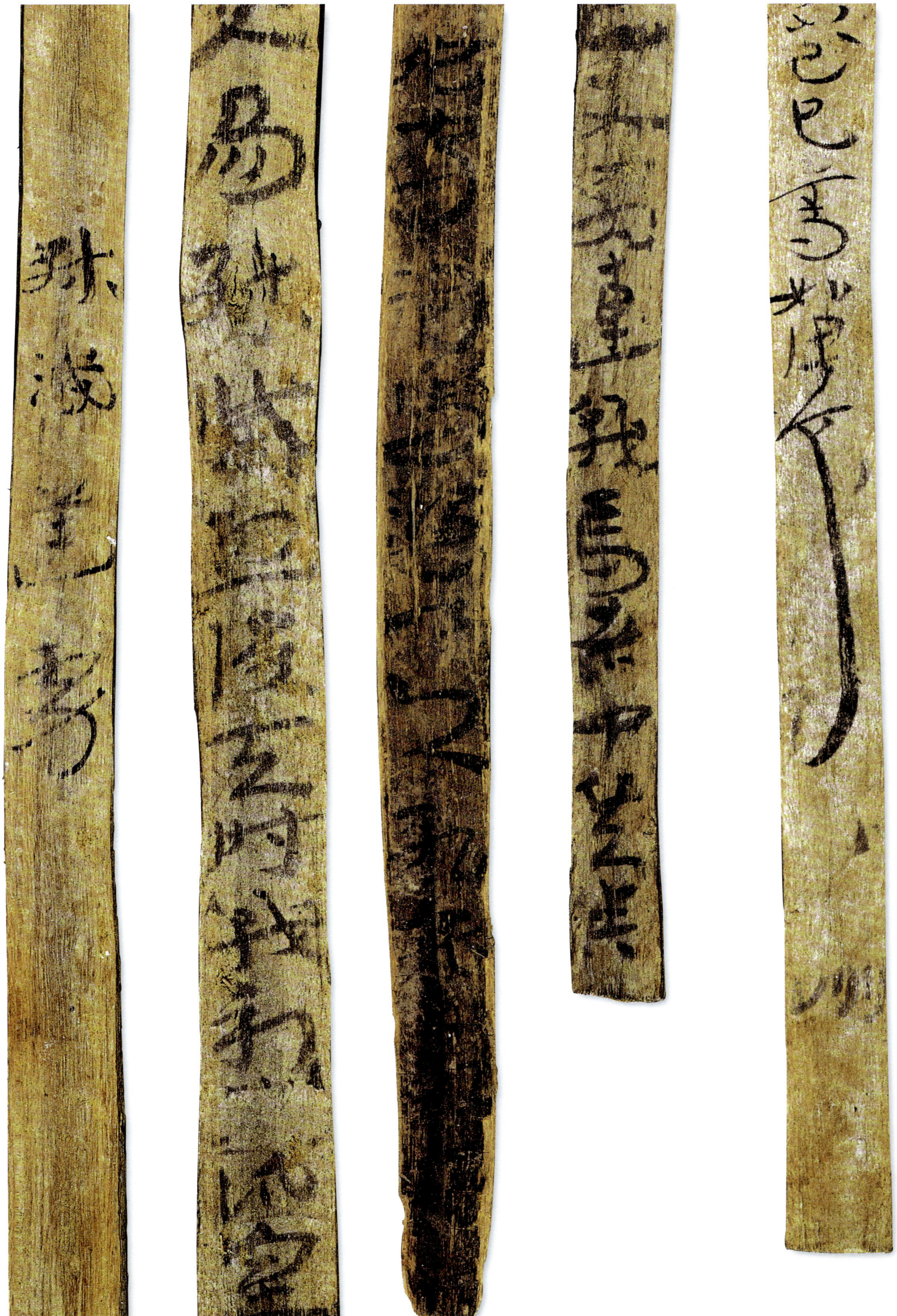

敦煌馬圈灣木簡(4)(局部)

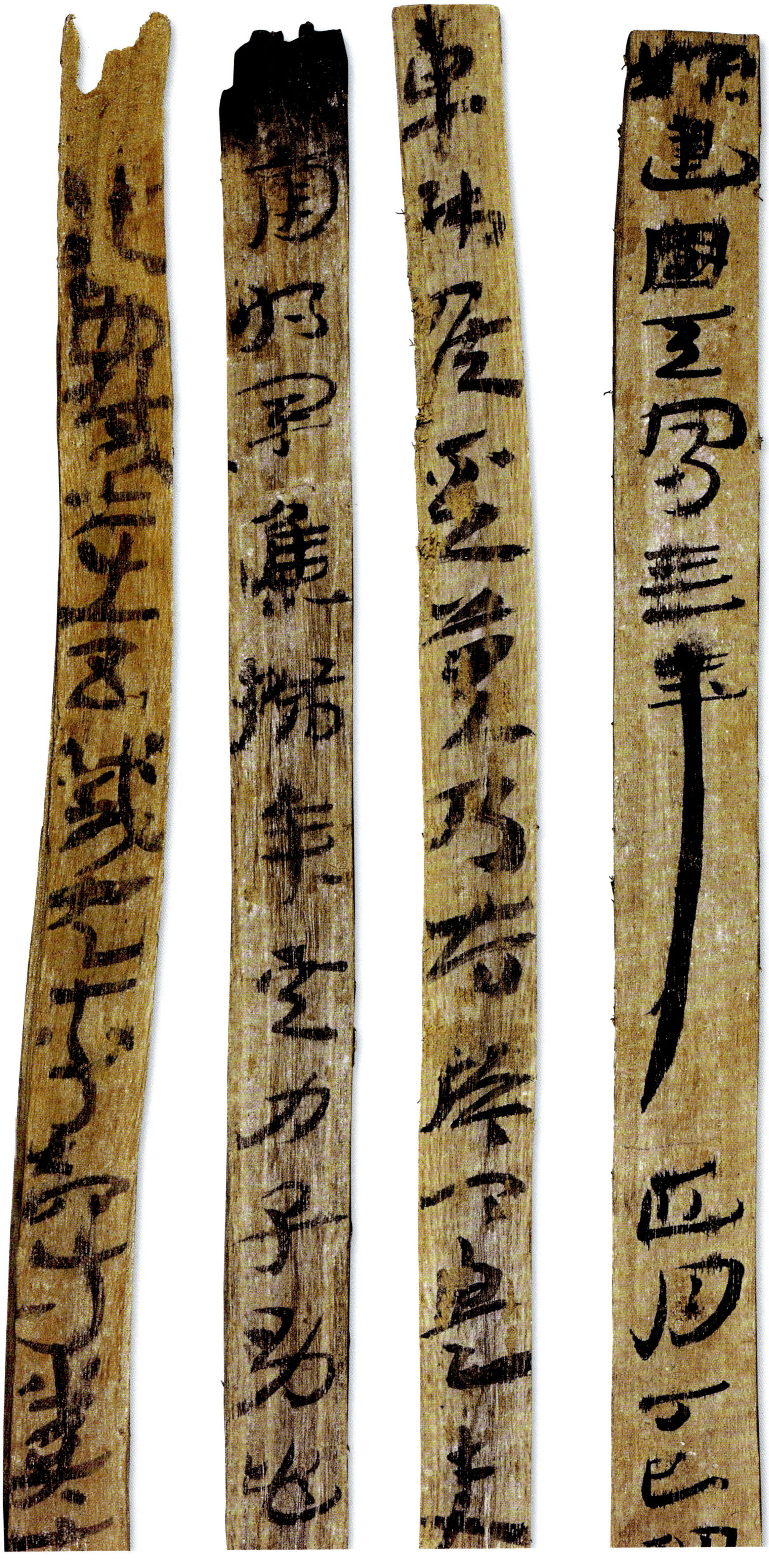

敦煌馬圈灣木簡(4)(局部)

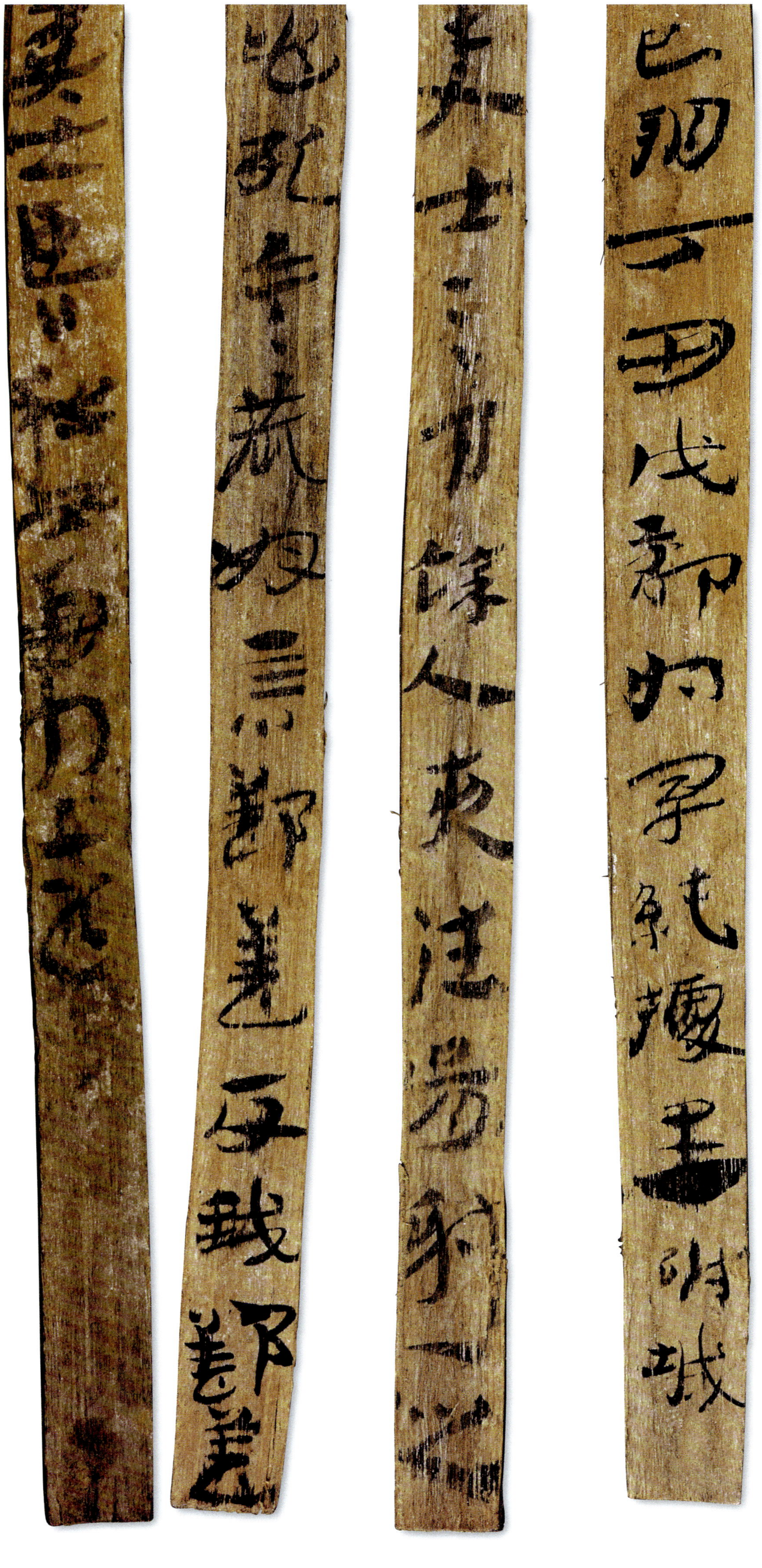

敦煌馬圈灣木簡(4)(局部)

釋文

①・聞羌人買穀民間持出塞甚衆長史廢不爲意未有坐者務禁防止

②・徒復作在縣者各有數有可以助民脩治溝渠者務盡其力其盗徒廪以久糜□〼

③・聞豪黠少年不傳田作事訟帶刀劍奇罰敫戲督盗賊武吏不禁止是以鬬辨相殘賊者衆又毋所

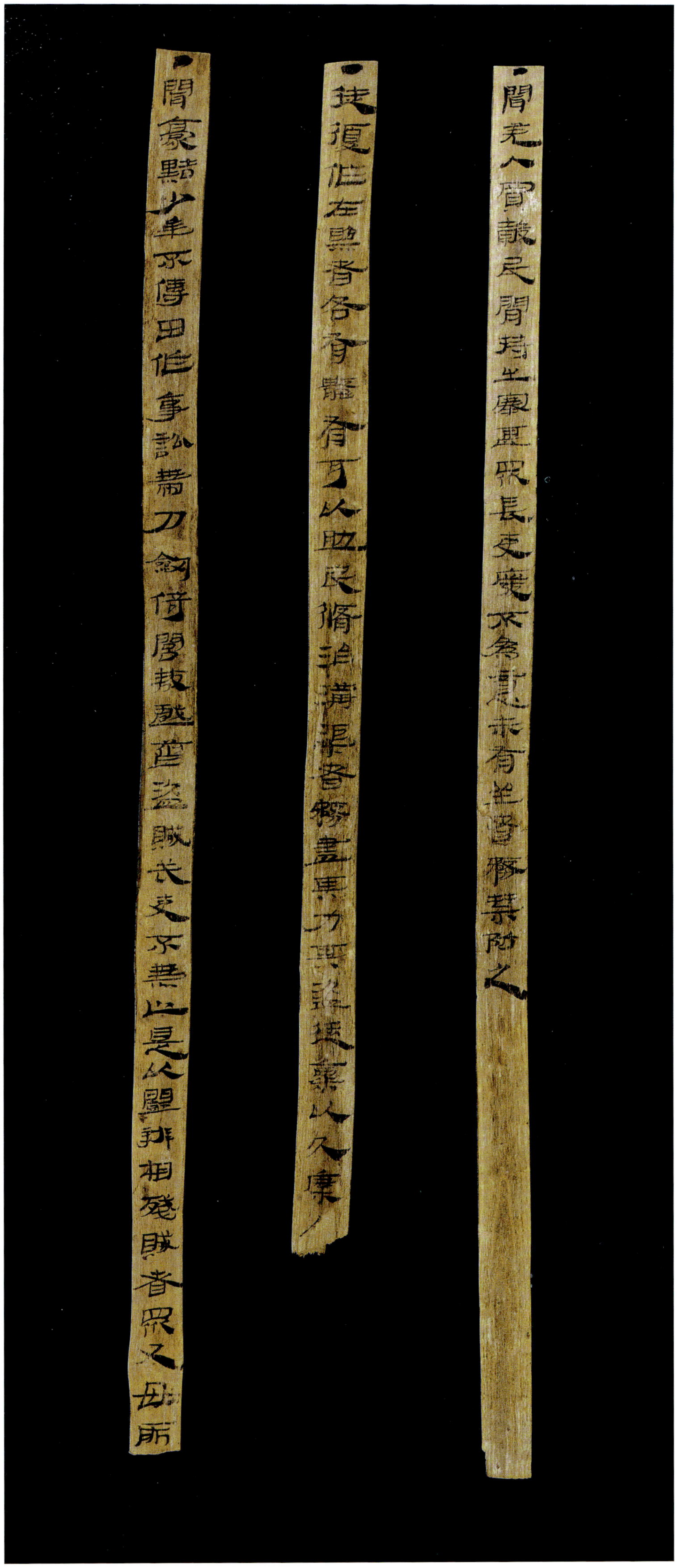

漢・羌律

甘肅敦煌市懸泉置遺址出土　長23cm

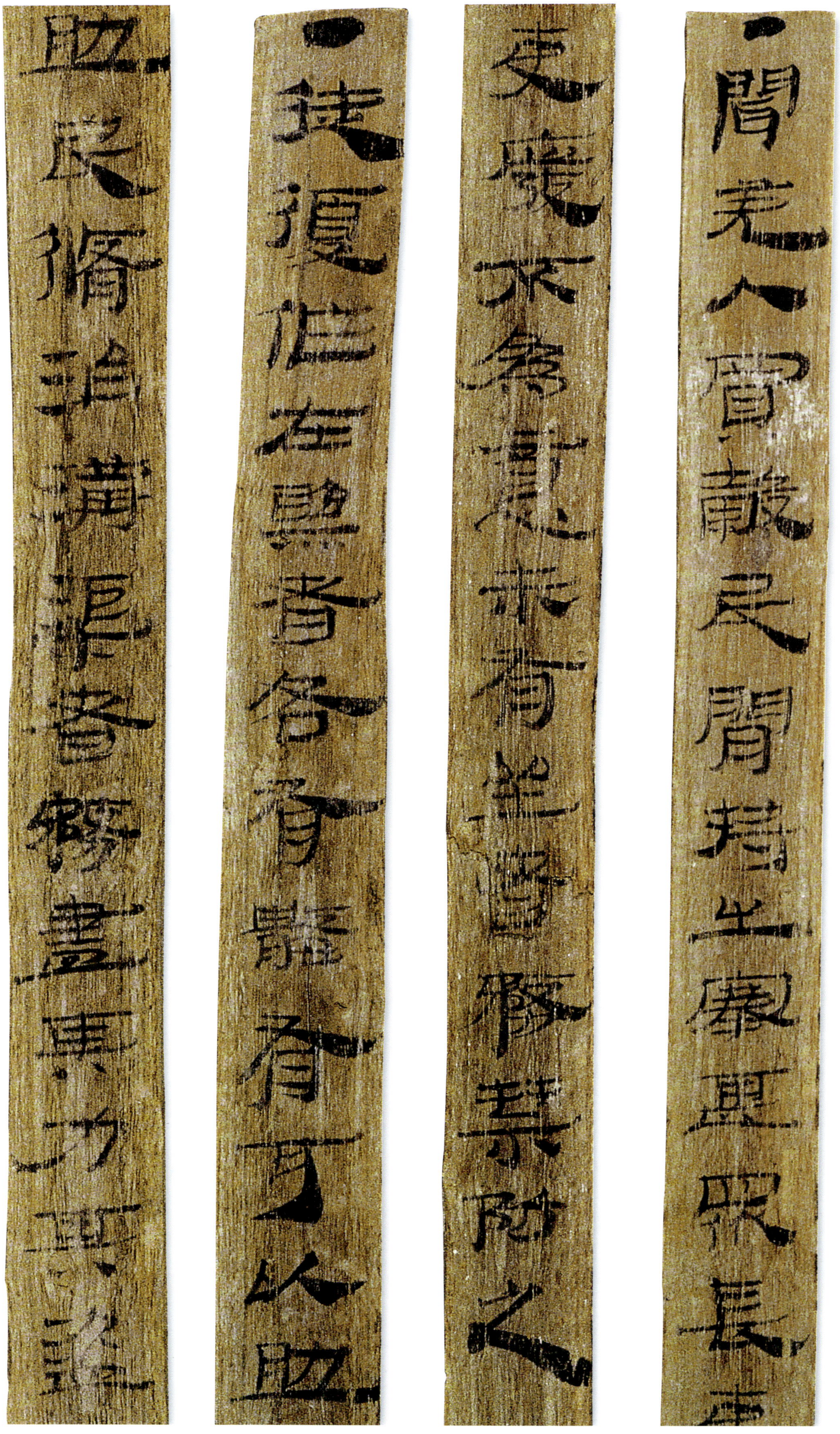

羌律(局部)

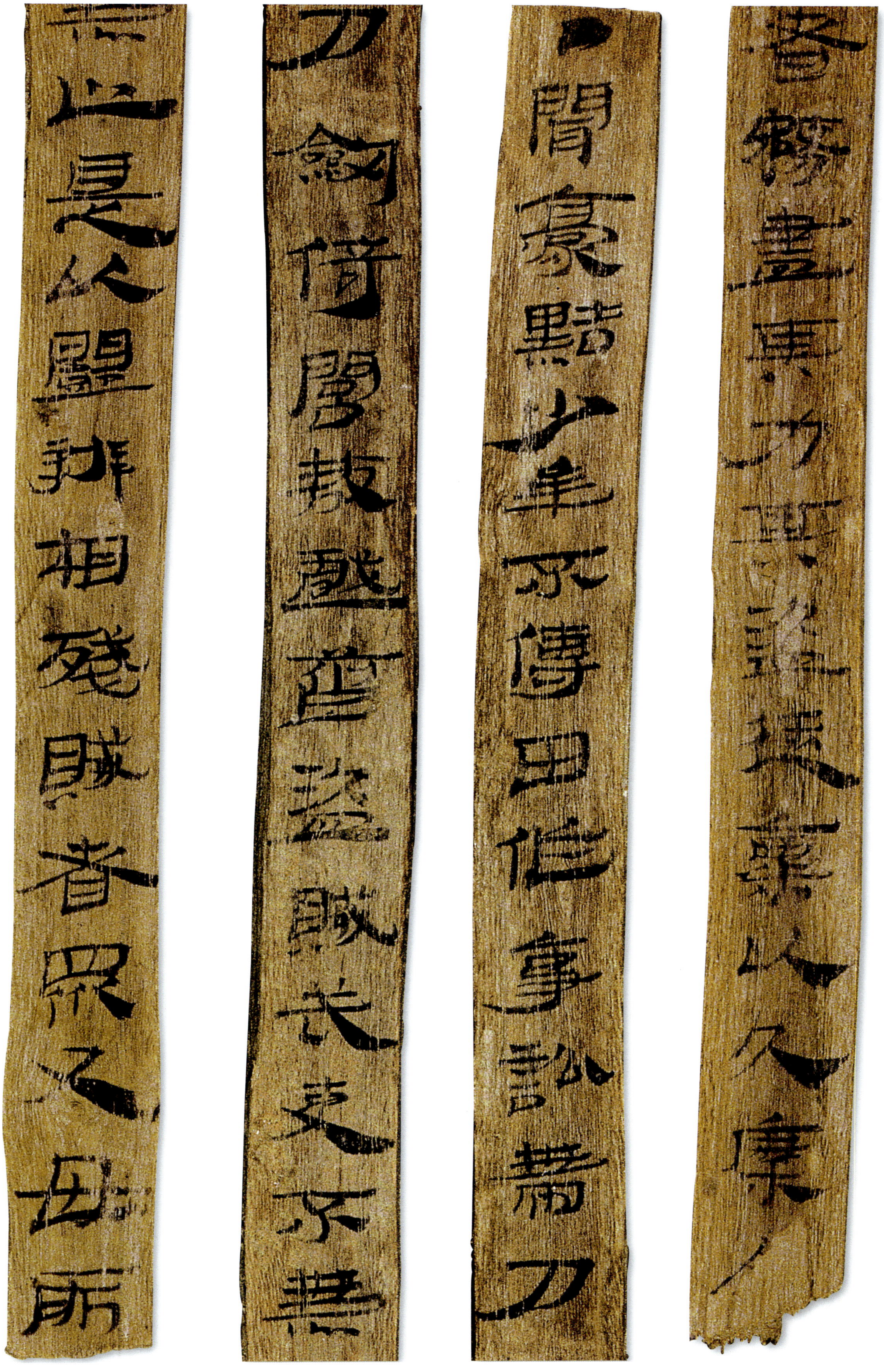

羌律(局部)